最強のエンジニア
になるための

プレゼン
の教科書

工学博士・技術士
亀山雅司 著

マネジメント社

まえがき

「技術力」×「プレゼン力」＝「最強のエンジニア」

あなたが大勢の皆さんの前で話をするとき、
話を熱心に聞いてもらえていますか？
活発な質問がありますか？
あなたのプレゼンは会場の皆さんの行動に影響を与えていますか？
そしてな何よりも……自分のプレゼンに満足していますか？

本書は1人対1人の話し方について解説した『最強のエンジニアになるための話し方の教科書』（前著）の拡張版、プレゼンテーション（1人対多人数）の話し方についてまとめたテキストです。

前著では、「会話でなぜか相手を怒らせる」「話題がない」「会話に振り回される」と悩んでいたエンジニアが、「相手が会話を喜ぶ」「準備なしでも会話の話題に困らない」「会話をリードできる」エンジニアに変わる方法を説明しました。

本書においては、「真剣に聞いてもらえない」「誰からも質問がない」「参加者の行動が変わらない」プレゼンを、「熱心に聞いてもらえる」「活発に質問が出る」「皆さんの行動が変わる」プレゼンに改善する方法を紹介します。

※本文中の記述で『最強のエンジニアになるための話し方の教科書』（以下、『話し方の教科書』）が元になっている箇所は、できるだけ引用元の内容を記載し、前作がなくても読めるようにしています。

本書も前作同様、エンジニアの皆さんがこれまで教わってきたプレゼンとは異なる考え方や方法が出てくるため、抵抗を感じる場合があるかもしれません。

もし、皆さんが現在の「プレゼン方法」で何も問題が起こっておらず、自分自身も満足のいくプレゼンができているのなら、それでOKです。今までの方法を変える必要はありません。すでに、あなたが望む結果をもたらしてくれる方法があるなら、その方法がいちばんいい方法なのです。

　でも、今のプレゼンで前述のような問題が生じていたり、満足できるプレゼンができていないのであれば、本書で紹介している方法を試してみてください。

　これからのエンジニアには、「技術力」に加えて「伝える力」がなくてはなりません。その学びの1つとして本書をご活用いただければ幸いです。

■**本書で扱う「プレゼン」について**

　プレゼンテーション（presentation：〈多人数に向けて〉口頭で行う説明、発表。略して「プレゼン」）と聞くと、一般に「企画や新商品のクライアントへの説明」「商品の販売目的の説明」「研究成果を上位機関にアピールする説明」などを想像するのではないかと思いますが、本書では、「エンジニアの伝える力の向上」をテーマにしているため、もう少しその範囲を拡張しています。

　具体的には、上記の他に、「大勢の前でスピーチする」「大勢の前で講演する」「大勢の前で講義する」「研修する」など、レクチャー（講演）も対象としたものになっています。また、一例として「会議での交渉」についても取り上げています。

　事例をもとに話を進めていきますが、皆さんが経験した事例と異なっていても「伝える原理は同じ」です。皆さんが取り組んでいる「大勢に伝える」という努力を思い描きながら、1つずつ修得してください。

CONTENTS

最強のエンジニアになるための
プレゼンの教科書

まえがき　*3*

プロローグ　エンジニアとして「伝わるプレゼン」の重要性を知る　*11*
　COLUMN　プレゼンはインタラクティブ（双方向）で！　*22*

第1章
会場の反応がない！ 失敗プレゼン7つの事例

① 権威を示して、知らずに会場の反感を買っている挨拶　*25*

② プレゼンの内容はいいのに参加者の居眠りが多い　*28*

③ プレゼンテーターの話を聞かずに資料ばかり読んでいる　*30*

④ 疲れるプレゼン── 会場のホンネは「早く終わって欲しい」　*33*

⑤ 「そうですよね！」の問いかけにも会場は知らんぷり　*36*

⑥ 「これわかりますか？」の質問で会場を怒らせてしまった　*39*

⑦ 「質問してください」と投げかけても誰も手を挙げない　*41*

《第1章のエッセンス》　*43*

　COLUMN　話し方エピソード①

　　　　　話し方で仕事量をコントロール可能に　*44*

第2章
プレゼンはこれだけ押さえれば大丈夫！

① 一言の挨拶で会場の参加意欲を創り出す　*47*

② たった4ステップの仕掛けで全員がワークに参加　*50*

③ 3行で伝えるプレゼンが会場を惹きつける　*53*

④ 「会場と会話」して会場の集中力を維持する　*56*

⑤ 「絶対否定しない」姿勢で会場の信頼を得る　*59*

6

⑥ 全員が興味を持つ話題を一瞬で創り出す！ *62*

⑦ シェアタイムで参加の充実感を創り出す *66*

⑧ プレゼンを演出する資料の作り方、活かし方 *69*

⑨ プロはプレゼンを時間ぴったりに終わらせる *72*

《第2章のエッセンス》 *74*

COLUMN 話し方エピソード②

苦痛だった会話を楽しんでいます！ *76*

第3章
「感動」「笑い」の感情を設計する！

① 「ドキドキ」からプレゼンテーターとしての姿勢を理解する *79*

② 臨場感のある伝え方なら会場は「聞きたい！」 *83*

③ 魅力ある表題と概要は「欲望」が創り出す *87*

④ 会場が聞きたいガッカリ／ワクワクの物語 *90*

⑤ 筋書から台詞を設計する *93*

⑥ ヒット率100%のジョークを創る *97*

⑦ 語りが上手でなくても感動する話し方 *100*

《第3章のエッセンス》 *103*

COLUMN 話し方エピソード③

笑顔で交わせる会話の楽しさに大感激！ *104*

第4章

「環境」もあなたの味方に！

① 開催案内から仲間になる　*107*

② 会場のイスの配置も味方につける　*110*

③ ワークの「やる気」は音楽で創る　*114*

④ 成功する練習はリアルに！　*117*

⑤ 判断に迷ったら楽しさで選ぶ　*121*

⑥ 会場の皆さんの行動を変える　*125*

⑦ 確実に成果の出る長期フォロー　*128*

《第4章のエッセンス》　*132*

COLUMN　話し方エピソード④

「感情のある」毎日を楽しんでいます！　*134*

第5章

こんなに変わる！ プレゼン事例

① 新人にエネルギーの基礎を教えるプレゼン　*137*

② 学生にモチベーションを持たせるプレゼン　*143*

③ 3分間スピーチ（一緒に「伝え方」にチャレンジ！）　*149*

④ 新製品を役員にプレゼン　*156*

⑤ 叔父（50歳）の転職プレゼン　*161*

⑥ 工事費用を満額で合意するプレゼン　*167*

《第5章のエッセンス》　*173*

COLUMN　話し方エピソード⑤

工事代金の口論が笑顔に変わった?!　*174*

第6章

プレゼンのエクササイズ（例題と回答例）

① 「ラポールを創り出す」── 相手を褒めるエクササイズ　*177*

② 説明発想エクササイズ　*179*

③ 何でもない出来事に興味を持ってもらうエクササイズ　*185*

④ 「それ聞きたい！」── Yesを積み重ねるエクササイズ　*187*

⑤ 「行動を起こす」── 自分ごとで伝えるエクササイズ　*189*

⑥ 対価を伴う提案のエクササイズ　*192*

《第6章のエッセンス》　*194*

エピローグ　プレゼン力×技術力＝最強のエンジニア！　*197*

あとがき　*202*

プロローグ

エンジニアとして
「伝わるプレゼン」の
重要性を知る

コミュニケーションとプレゼン能力をチェックする

　最初に読者の皆さんのコミュニケーション能力とプレゼン能力を
チェックしてみましょう。

　チェックは2つの分野に分かれています。まずはプレゼンの前提とな
るコミュニケーション能力のチェックです。

〈コミュニケーションの基礎能力〉

	質　問
☐	正しい内容を話すことがしばしば相手を怒らせることを理解している
☐	仲間のように話せるラポールを知っている
☐	どんな話を聞いても「なるほど！」と否定せずに話せる
☐	1日に50回以上「ありがとうございます！」と言っている
☐	相手を褒める言葉を口に出すことに抵抗がない
☐	「そうなんですか！」など感情を込めて反応できる
☐	自分と相手の価値観が不一致でも受け入れられる
☐	会話の順番が「聞く」のあとに「話す」になっている
☐	会話は話しているより聞いている時間が多い
☐	目的を持って会話をしている
☐	目的に沿って会話を組み立てることができる
☐	自分の意見を相手の意見のように話してもらうことができる

プロローグ

☐	頷きながら目を見て話せる
☐	笑顔がステキですね、と言われることがある
☐	姿勢がいいですね、と言われることがある

　もし、結果が10点以下の人はプレゼンの前提となるコミュニケーション能力を強化する必要があります。プレゼンテーションはスキルを覚えればうまくいくというものではありません。プレゼンテーターと会場の皆さんの心がつながり、お互いの信頼があって、安心を感じる状態ができることが前提です。

　もし、10点以下だった人は「プレゼンテーターと会場の皆さんの心のつながりが重要」ということを念頭に置いて本書を読み進めてください。そうすれば、本書のプレゼンのコツを理解する助けになります。

　では、次のチェックリストで皆さんの「プレゼン」の状態を確認してみてください。

〈プレゼン能力チェックリスト〉

	質　問
☐	プレゼンがうまくいくかを考えたときにドキドキ（緊張）しない
☐	皆さんが安心して参加できる段取りが冒頭に組み込まれている
☐	章立て程度はたまに見るが、3時間以上、原稿を見たり覚えたりせずに話せる
☐	「こちらだと思う人？」の問いかけに、会場の該当する全員が挙手する
☐	10分に一度、笑いが起こる
☐	会場でいちばん楽しそうな人は自分である

13

☐	「答えが何かわかりますか？」の質問をしていない
☐	「その答えは違います」の返答をしていない
☐	居眠りをしている人がいない
☐	会場の皆さんの聞きたいことを確認して話している
☐	質問は随時受け付けている
☐	参加者どうしのシェアタイムが設けられている
☐	実践練習のためのワークが組み込まれている
☐	参加者がいつまでに何を行動するか決まっている
☐	かならず予定時間以内に終わる

チェック結果はいかがだったでしょうか？

結果が10点以下の人はプレゼンにまだまだ改良の余地があります。さらに、5点以下の人は、「プレゼンの域」には達しておらず、ただ皆さんの前で話しているだけの状態といえます。

コミュニケーション能力のチェックでも述べましたが、プレゼンはスキルだけでなく、プレゼンテーターと会場の皆さんとの心のつながりがあることが重要です。そこがあればこそスキルが活きるのです。

本書の事例を通して、心のつながりとスキルの関係を理解し、プレゼンの実践力を身に付けてください。

コミュニケーションのエッセンスの振り返り

最初に本書のエッセンスをお伝えします。

前書『話し方の教科書』での「1人対1人の会話の要点」は次のよう

なものでした。

　自分の「正しい」を主張して会話の相手と対立し、会話の目的を失う（議論が続くだけで成果が出ない）」ことを止める。代わりに、相手の話を聞くことで価値観を知り、相手の価値観に沿って話をする。そして、双方満足な目的を達成する。

　プレゼン（1人対多人数）でも根源の原理は同じです。「プレゼンターが主張したいこと」だけを話していても誰にも届きません。いくら資料がうまくできていて話すテクニックが上手であっても、価値観の異なる相手には伝わらないのです。

　したがって、プレゼンでも「会場の皆さんの価値観に沿いながら話をし、皆さんが望む結果を届ける」ことが必須です。

　でも、1人対1人の会話とは異なり、会場には大勢の参加者がいて、各自の価値観が異なるうえに、「まだ話をしたことがなくて価値観がわからない人たち」も大勢います。

　そこで、本書では「会場の大勢の異なる人たちの価値観に沿って話し、会場の皆さんが望む結果を届ける」プレゼンを、実学（実践）に重点を置き、具体的な事例で解説していきます。

　なお、第1章から第4章までは考え方やスキルを順番に解説していますが、お急ぎの方は、実践する前と後の比較を具体的に解説した第5章を先に読んでいただいてもかまいません。

　さて、本書では『話し方の教科書』で「話し方」を習得した田中さんが、「伝わる（インタラクティブ＝双方向な）プレゼン」に挑戦します。

　田中さんは、最初は会場の皆さんの反応がないさんざんな状態でスタートしますが、「ミスタープレゼン」と呼ばれる山下先輩の助言と指導によって、3か月で「伝わるプレゼン」を身に付けていきます。

　なぜ、田中さんの体験を通して解説するかというと、多くのプレゼンテーターは時間どおりに話すのが精一杯の状態で、客観的に自分の状態を確認し、改善することが難しいからです。

　そこで、第三者である田中さんのプレゼンの具体的な失敗点、改善点

を見ていくことで、皆さんの体験を客観的に把握し、「伝わるプレゼン」を身に付けることができるようになっています。

　それでは、田中さんと一緒に「伝わるプレゼン」を学んでいきましょう！

田中さん
技術のキャリアで生きていきたい35歳のエンジニア。相手を怒らせてしまう会話に悩んでいたが、「伝わる話し方」の修得で悩みを解消した。現在、プレゼンのスキルアップを目指している。

山下先輩（以下、先輩）
プレゼン経験が豊富な45歳のエンジニア。思わず引き込まれる魅力的な講演スタイルに定評があり、社内では「ミスタープレゼン」と呼ばれている。

プレゼンは達人から学ぶ

以前は、上司や同僚、取引先の担当者を怒らせてしまう会話で、「話すこと」に苦痛を感じていたエンジニアの田中さんでしたが、今では上司や同僚と衝突することもなくなり、会話を楽しみながら、会話をリードすることもできています。

〈だから田中さんのプレゼンは失敗した〉

田中 （自分は今まで会話の何に苦しんでいたんだろう？　わかってしまえばこんなに簡単なのに！　これからはプレゼンで、もっと大勢に情報を発信していくぞ！）

それから、田中さんは、社内外のプレゼンを積極的に引き受けることにしました。

機会はすぐにやってきました。新入社員を対象にした『私たちの生活とエネルギーについて』というレクチャーを任されたのです。

バッチリわかりやすい資料を準備して、プレゼンに臨んだ田中さんでしたが……結果は惨憺たるものでした。

田中 ……という理由で、一般に考えられている、太陽光発電は燃料費が無料だから安い、ということにはならないのです。

田中さんがいくら熱心に話しても、新入社員は退屈そうにしていて、真剣に聞いていません。

田中 以上です。何か質問はありませんか？

全く反応がありません。結局、田中さんのプレゼンは盛り上がることのないまま終了しました。

田中　（内容はいいはずだ。次回は大丈夫！）

　しかし、次のプレゼンも同じです。新入社員の反応はありません。

田中　今日は建前ではなく、本音で議論したいと考えています！
　　　皆さんもぜひ、積極的に参加してください！

新入社員　………

　会場から反応を引き出そうと、田中さんが積極的になればなるほど、逆に会場の皆さんとの距離が遠くなっているように感じます。

田中　（いったい、どうすればいいんだ……。これは「1人対1人の話し方」を学び始めたときと同じだ。きっと自分が知らない「プレゼン方法」があるに違いない！　そうだ、ミスタープレゼンの山下先輩なら……）

　10歳年上のエンジニアの山下先輩は、会場を引き込んでプレゼンを盛り上げるのがうまく、自身も楽しそうにプレゼンテーターを務めています。

田中　山下先輩、会場の皆さんの反応がなくて困っているんですが、どうしたらいいでしょう？　わかりやすく要点をまとめても、積極的に参加してくださいってお願いしても、全然反応がありません。

山下先輩（以下、先輩）　大変だったね。たしか、田中君は1人対1人の話し方を習得してるよね。それと同じだよ。1人対1人の会話を、1人対多人数でやればいい。そうすればプレゼンが盛り上がるよ。

田中　うーん、1人対多人数の会話ですか？　理屈は理解できるのですが、具体的に、どうすればいいんですか？

先輩　田中君は会場の皆さんの何を見ている？

田中　うまくプレゼンができているか、会場の反応をチェックしています。

先輩　プレゼンテーターは「うまくプレゼンをしたい」がために、自分に意識を集中させてしまって、会場の皆さんを置き去りにして進行してしまうことが多い。その結果、会場の反応はなく、何も伝えられずに終わることになる。

田中　でも、プレゼンが始まると、気がつかないうちについ自分のことで精一杯になってしまいます。

先輩　その状態だと、自分が失敗している原因には気づきにくいよね。でも、他の人がしている失敗だとよくわかる。

田中　確かに……

先輩　じゃあ、「会場の反応がないプレゼン」の問題点をはっきりさせるために、失敗事例から見ていこうか……

1人対1人の話し方のポイントを振り返る

　具体的な事例を見る前に、「1人対1人の話し方」のポイントを振り返って確認しておきましょう。

　チェックのところでも述べましたが、プレゼンにはコミュニケーション能力が必要です。なぜなら、プレゼンは一方的な情報の提供ではなく、会場の皆さんとの会話なのです。

　特に以下でお話しする「仲間のように話せるラポールが創れること」が会話の前提になっていることを覚えておいてください。

❶エンジニアの会話が相手を怒らせる理由を知る

　多くのエンジニアは、「優れたものを提案するのは当たり前」と考え、相手に「私の意見を受け入れてあなたの意見を変えなさい」と攻撃することで、会話に対立を生み出していることに気づいていません。

❷仲間のように話せる関係（ラポール）を創って会話をスタートする

「出身地が同じですね」の同じ、「それ、いいですね」の同じを口に出すことで、仲間のように話せる関係（ラポール）を創り出してから、会話をスタートします。

❸自分を守らない「自爆」の勇気を持つ

相手が心を許せるのは、あなたが自分を守ろうとしないとき。自分を守れない状態でお腹を見せて仰向けになれる子犬くらい、自分を守らない勇気を持てますか？

「それでしたら私のミスです！」

そこから仲間のように話せる会話が始まります。

❹相手の話を聞き、相手の価値観を理解したあとに話す

「いちばん楽しかったことは何ですか？」「車でトンネルを抜けたら一面のヒマワリ畑で……」「次はどこに行きたいですか？」。聞いたあとに話せば、話題の準備なしで相手の興味に沿った話ができます。

❺動機（価値観）は統一せずに「それいいね」で解決する！

プロジェクト完成の動機を、自分は「会社のため」、A君は「世のため」、B君は「出世のため」と考えていてもOK。「それ、いいね！　そのためにぜひ完成させよう！」で解決します。

❻相手が行動を始める「なぜ、できるの？」を聞く

「勉強しなさい」と指示すると逆に勉強しなくなってしまいます。勉強している瞬間を逃さず「なぜ、勉強しているの？」を聞けば、「だって……だから」と自分で勉強する理由を創り出します。行動してもらいたいなら、できている場合に「なぜ？」を聞きます。

プロローグ

❼「もし」「仮に」で話をして、結論は「それで行きましょう！」
　「仮にできるとしたら、この案でいいと思います？」で現実からいったん離れ（対立せずに）、話を進めて、結論が出たら「それで行きましょう！」で決まりです！

❽見た目が意外に効いている！
　明るい表情や態度は好意を持って聞いてもらえます。目を見て話す、姿勢を伸ばす、笑顔を心がける、適度な頷きを入れるなどは、想像以上に効果があります。鏡でミラクルショットを見つけて練習しましょう！

21

COLUMN
プレゼンはインタラクティブ（双方向）で！

　本書で扱うプレゼンは、日本で一般的な「学校の授業のような講義」に対して、「インタラクティブ（双方向）」が特徴です。

　私のプレゼンセミナーに参加された方のアンケート結果を見ても（対象：エンジニア、有効回答数17名）、「講義型より伝わる」「双方向のプレゼンをしてみたい」という回答（そう思う・ほぼそう思うの合計）が9割近くに達しています。

　次に紹介するのは、すでに本書のインタラクティブ（双方向）な方法でプレゼンを行っている皆さんの体験です。

●インタラクティブな自分の講義に感動！

　大勢の前で話すのが得意でなく、新入社員に商品基礎知識を教育する講義は苦痛の種でした。しかし、インタラクティブな講義に変えたところ、「もっと教えて欲しい！」という新入社員や、「Nさんの講義、最高に楽しかったって新人が言ってたよ！」と担当上司から言われ、うれしさを通り過ぎて、感動して泣きました！　　　　　（50代男性：エンジニア）

●経営者のスピーチが変わる！

　エンジニアに限らず、コミュニケーション能力を高めたい人、多くの人の前で話す経営者や講演者にお薦めの優れた方法です。スピーチする前の準備と計画ですべてが決まる極意を教えてもらえます。　　　　　（50代男性：電化製品会社社長）

第 **1** 章

会場の反応がない！
失敗プレゼン7つの事例

田中さんは山下先輩と一緒にいくつものプレゼン会場に出かけます。

　多くのプレゼンテーターはよいプレゼンをするための工夫をしています。でも、その工夫が会場の皆さんの視点ではなく、プレゼンテーターの視点で行われるため、かえって会場との距離を遠くしたり、聞きづらいプレゼンの原因になることが多いのです。

　最初に問題に気づくこと、次に問題の改善方法を考えることが大切です。

　事例を通して、自分のプレゼンの問題点に客観的に気づけるようになれば、あなたのプレゼンは実践の度により良いものに進化していきます。

（改善方法は第2章以降で説明します）

第1章　会場の反応がない！——失敗プレゼン7つの事例

① 権威を示して、知らずに 会場の反感を買っている挨拶

　「自分はこの分野の専門家です」——自分はあなたより上の立場だから、話を聞きなさい、という姿勢は会場の皆さんの反発を招きます。しかし、多くのエンジニアは気がつかずにむしろ権威を強調しています。

　プレゼンの始まりに反感を引き起こすと、プレゼンテーターの問いかけにも会場の反応は鈍くなります。これでは資料の内容がよくても、プレゼンは台無しです。

〈ケース❶：専門家を強調した挨拶で反感をかってしまう〉

> 「私はこの道15年の専門家です。今日は私ならではの情報を解説します。なかなか手に入らない重要な情報ですから、今日は眠らずに聞いてください」

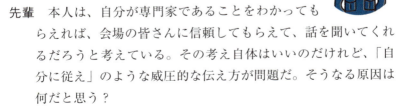

田中　なんだか上から目線で嫌な感じですね。どれだけすごいのか、っていう反感を持って聞いてしまいます

先輩　本人は、自分が専門家であることをわかってもらえれば、会場の皆さんに信頼してもらえて、話を聞いてくれるだろうと考えている。その考え自体はいいのだけれど、「自分に従え」のような威圧的な伝え方が問題だ。そうなる原因は何だと思う？

田中　自分を上の立場に見せて、異論を挟ませないとか……、それっ

先輩　て、自分を守るための行動じゃないですか？
先輩　そうだね。でも、自分を守ろうとすると、そういうつもりはなくても会場の皆さんを攻撃することになる。だから、皆さんと対立してしまう。挨拶が原因で対立からのスタートになってしまうのなら、何のための挨拶だろうね。

田中　「自分を守るための対立※」はわかりやすいですね。挨拶で好感を持ってもらえれば、積極的に話を聞いてもらえるのに。そうだ、謙虚な姿勢で始めるのがいいのでは?!？

※気まずい会話の原因は「自分を守る癖」?!：話し方の教科書　2章5

「休日までお仕事大変ですね！」
たった4行で店員さんを笑顔にできるコンビニテストの最初の言葉です。
しかし、「休日に働かなければいけないなんて不幸ですよね。休日までお仕事大変ですね！」のように、相手に同意を促す理由をつけ足す方がいました。多くの人が「そうなんですよ！」と返事をもらえるなか、その方は店員さんからけげんな顔をされてしまいました。同意してもらえない気まずさを避けたい、という自分を守ろうとする気持ちが、心のつながりであるラポールを消滅させてしまったのです。

〈ケース❷：謙虚なフリをした挨拶で会場の信頼を失ってしまう〉

「私のようなものが皆様の前でお話しするのは、誠に失礼ですが、ここはひとつ、1時間の辛抱ですから、つまらないと感じても最後まで聞いていただければと思います」

田中　これも嫌な感じですね。なぜこんなに自信のないプレゼンテーターを連れてきたんだ、内容は大丈夫か？　時間がもったいないって、怒りすら感じます。

第1章　会場の反応がない！── 失敗プレゼン7つの事例

先輩　謙虚にすれば好意を持ってもらえる、少なくとも責められないと考えるプレゼンターは多いよ。でも、この挨拶は謙虚とは少し違う。誰のための謙虚か、だ。

田中　誰のため？　わかりました！　プレゼンがうまくいかなくても自分を責めないでください、ですね！　共感できないのは、会場の皆さんのためじゃなくて、自分を守るために謙虚なフリをしているからでは？

先輩　そのとおり！　田中君が気づいた「自分を守るための謙虚なフリ」は、プレゼンター本人が気づかない失敗の原因の1つだ。その結果、「自分を守る＝会場の皆さんと対立する」ことになってしまう。

　　　人の前に立つプレゼンターは、「聴講者の人数×プレゼン時間」を預かっている。だから、「聴講者の人数×プレゼン時間」以上の価値を皆さんに提供する責任がある。そこは外せない。プレゼンターとしての責任を果たしたうえで謙虚なのが会場の皆さんに届く謙虚だよ。

田中　威圧でもなく謙虚なフリでもない「自分を守らない挨拶」ですね。いったい、何に着目すればいいのかな？

（この回答は2章以降で…）

〈残念なプレゼン❶　知らずに会場の反感を引き起こしている挨拶〉

☐ 挨拶で専門家として権威を強調して会場の皆さんの反感を買ってしまう

☐ 謙虚なフリをした挨拶で会場の皆さんの反感を買ってしまう

2 プレゼンの内容はいいのに参加者の居眠りが多い

　用意した資料を間違えずにうまく読み、時間どおりに進めるというプレゼンの練習をしていませんか？　うまく練習できても、本番では会場で眠ってしまう人がいる。そういう経験がありませんか？
　うまく読み上げても、参加者が聞いていないプレゼンでは意味がありません。原因は単純です。会場はあなたのプレゼンが面白くなくて退屈しているのです。

〈ケース❸：資料の内容を順番に読み上げる眠いプレゼン〉

> 「要素Aのデータの分布は査証値が5.3、最大値が8.3になります。処理のフローは最初に定点から3点のデータを取り……」

田中　んー、よくまとまっているんですが……。資料を順番に読み上げているだけですね。眠くなってきます。
先輩　**ほとんどのエンジニアが資料の読み上げをプレゼンだと思っている**。学会や協会では一般的なスタイルだから疑問に思わないんだ。彼らの関心は「指定時間ぴったりに読み上げられるか」「読み間違わずにうまく読み上げられるか」だから。
田中　確かに、うまく読めるかどうかは気になると思いますけど、退屈だし、眠いだけで、頭に入ってきません。
先輩　そういうこと。うまく読んでも内容が「伝わらない」のなら

意味がない。

田中　でも、どうして読み上げるスタイルが多くなるのでしょう？　眠ってしまう人が出るのは今までの経験からわかっていると思いますけど。

先輩　じゃぁ、田中君は？

田中　……読んでます……でも、他にいい方法を知らないし。

先輩　そう、それ以外の方法を知らないからという理由が大きい。それに、上手に時間内に読むスキルを指導するプレゼンの研修が多いからね。指導している彼ら自身、それしか知らないんだ。

田中　皆さんが眠ってしまうような、読み上げではない伝え方が必要ですね。いったい、何に着目すればいいのかな？

（この回答は2章以降で…）

〈残念なプレゼン❷　内容はいいのに居眠りが多い〉

☐ 資料を間違えずに読み上げるスタイルで、会場の皆さんが退屈して眠ってしまう

3 プレゼンテーターの話を聞かずに資料ばかり読んでいる

「きちんと伝わるように、できるだけ説明と数値を書き込んで……」——プレゼンの場で詳細な説明内容を配布していませんか？ 詳細な配布資料が手元にあると、会場の皆さんは手元の資料を読み始めて、あなたの話を聞かなくなります。

各自が資料を読んで理解しようとすると、資料を読んでいる人の価値観（情報の捉え方）は各自異なるため、プレゼン内容が誤解されて伝わってしまいます。

〈ケース❹：小さい文字がびっしり　資料に目が行ってしまうプレゼン〉

> 「資料に記載のとおり、2001年から2010年までの化石燃料と電力消費量の相関は図1に表される関係になっています。一方、2010年から2018年は化石燃料の消費がピークになっており、さらに電力消費量は化石燃料より低下の割合が多くなっています。それぞれを2001年を100とした数値で記載したデータが……」

田中　プロジェクターで映し出された資料、報告書みたいに小さい文字でびっしり書いてありますね。
先輩　情報を詰め込むことも学会や協会では一般的なプレゼンスタイルだ。ところで田中君はプレゼンテーターが今どこを説明しているかわかっている？

第1章　会場の反応がない！── 失敗プレゼン7つの事例

田中　いえ、手元の資料を読んでいましたので、プレゼンテーターの話は聞いていませんでした。

先輩　プレゼンテーターの話は聞かなくてもいいの？

田中　プロジェクターの文字が小さくて読みづらいし……資料があるから、聞き逃しても大丈夫ですよ。

先輩　それだとプレゼンする意味がないよね。プレゼンテーターができるだけたくさんの情報を提供してあげたいのはわかる。でも、聞く側は手元の資料を読んでプレゼンテーターの話を聞かない。

田中　でも、情報は伝わるから、それでいいのでは？

先輩　資料は読む人の価値観に沿った視点で読むから、プレゼンテーターの話を聞いていないと、自分と異なった価値観の情報が入ってこない。資料が同じでも得られる情報が違うんだ。

田中　そうなんですか？　まだよくわからないのですが……

先輩　例えば、「あなたも大成功できる！」といった本はよく見るよね。

田中　あります。

先輩　では、その本をたくさんの人が買うのに、どうして大成功する人が続出しないのか？

田中　才能の違いでは？

先輩　そう考える人は多い。でも、それ以前に内容をきちんと読んでいないんだ。一言で言えば「自分に都合がいい」「読みたいところ」だけ読んでいる。

田中　私は心を白紙にして端から端まで読んでいるつもりですが……。

先輩　何度も読み返してみればわかる。理解が進むと以前とは違う情報が得られるようになる。同じ本なのに、だ。

田中　確かに！　その経験はあります。書いてあるのに読めていないんですね！

31

先輩　そう。プレゼンテーターの話を聞かずに配布資料を読んでいる人の多くは、自分の価値観の範囲内の情報しか学べなくなるんだ。

田中　情報を伝えたくて資料に詳しく書くと、話を聞かずに資料を見るから伝わらない。いったいどうしたらいいのかな？

（この回答は2章以降で…）

〈残念なプレゼン❸　プレゼンテーターの話を聞かずに資料ばかり読んでいる！〉

☐　プレゼンテーターの話を聞かずに資料を見ていると、自分の価値観にあう内容だけ読むため、プレゼン内容が伝わらない。

第1章　会場の反応がない！──失敗プレゼン７つの事例

4 疲れるプレゼン──
　会場のホンネは「早く終わって欲しい」

　与えられた時間にできるだけたくさんの情報を提供したい。でもそのためにプレゼンテーターが一方的に話し続けると、会場の皆さんは疲れを感じて集中力が途切れてしまい、「早く終わって欲しい」プレゼンになってしまいます。これでは内容がよくても、伝わるプレゼンにはなりません。

〈ケース❺：プレゼンテーターが一方的に話す退屈なプレゼン〉

> 「……以上、本日の内容を振り返りますと、1準備、2資料、3デモンストレーションのポイントをおさえることが、商品の性能確認に有効であるとの結論です」

田中　……やっと終わった。1時間も聞いていたから頭がパンクしそうです。
先輩　時間以上に長く感じるプレゼンもあれば、短く感じるプレゼンもあるよね。
田中　そういえば、先週の山下先輩のプレゼン、私も参加しましたが、何分でしたっけ？
先輩　3時間だよ。
田中　えっ？　30分くらいの印象でしたけど？　まさか、短く感じるようにプレゼンを組み立てているとか。さすがにそれはないですよね？

33

先輩　短く感じるように工夫しているよ。**人は興味があることに夢中になると時間を短く感じるし、「しなければならない」ことだと長く感じる**よね。田中君、最近、時間を忘れたことは？

田中　この前のゴールデンウィークで、家族の写真を整理していると、あっという間に朝になってしまいました。夜食も食べてなくて自分でも驚きでした。

先輩　なるほど！　僕の趣味は釣りだけど、一緒に朝まで夜釣りしない？　楽しいよ！

田中　いえ、先輩は楽しいかもしれませんけど、私は苦痛ですから。朝までなんて無理です。

先輩　それと同じ。相手の興味に沿って話す、ということが大切なんだ。いくらプレゼンテーターがいい情報だと考えていても、**自分が主張したいことを一方的に話していると、聞いている側は疲れて「早く終わらないかな」になる**。いい情報を伝えたいのなら、**会場の皆さんが興味を持てる状態でプレゼンすることが大切**だ。会場の皆さんの興味に沿って伝える、というのもプレゼンテーターの責任だよ。

田中　なるほど！　確かに、さきほどのプレゼンはいい内容だと思いましたけど、興味を持って聞いている状態かと言われれば、そうではありませんでした。

先輩　そういうこと。興味がないと時間が長く感じられるし、集中力が途切れて「早く終わって欲しい」って思うよね。

田中　**会場の皆さんの興味に沿って伝える**、ですね。でも、皆さんの興味はそれぞれ違うだろうし。いったい、どうすればいいのかな？

（この回答は2章以降で…）

34

〈残念なプレゼン❹　会場のホンネは「早く終わって欲しい」、疲れるプレゼン〉

☐ プレゼンテーターが自分の主張を一方的に話していると、聞いている側は疲れて集中力が途切れてしまい、「早く終わって欲しい」プレゼンになってしまう。

5 「そうですよね！」の問いかけにも会場は知らんぷり

　会場の皆さんと同じ思いを持って進めたい！　という理由で、プレゼン中に会場の皆さんに「そうですよね！」と同意を求めていませんか？
　でも、「そうですよね！」の問いかけをすると、逆に会場の同意が取れなくなるのです。そうなると、プレゼンテーターだけが自問自答で納得している空回りのプレゼンになってしまいます。

〈ケース❻：「そうですよね！」で会場の同意を妨げているプレゼン〉

> 「エネルギーがなくては、社会は生産を始めとする活動をすることができません。エネルギーは人体で言えば血液のようなものです。そうですよね！」
> 「血液が止まれば人は生きていけませんから常に流し続けなければいけません。だから、当然、エネルギーも止めずに供給し続けないといけません。そうですよね！」

田中　言われていることは、ごもっともな内容ですが、「そうだ！」と感じないのはなぜでしょう？
　　　「同意」は大切だから、同意を確認していることは間違っていないと思うのですが…。
先輩　プレゼンの内容に同意してもらいたいから「そうですよね」を言ってしまう。でも、人は自分が気づいたことでなければ、そうだ！とは思わない。

だから、「そう思いますよね」でプレゼンターが会場の皆さんの気づきを先取りしてしまうと、逆に同意がとれなくなってしまうんだよ。例えば………

田中　えっ！　「そうですよね」はダメなんですか？　意外でした。でも、同意してもらいたいと、つい「そうですよね」って言ってしまいます。

先輩　同意してもらえなかったら何が心配なのかな？　同意がないと皆さんの学びが減ってしまうのかな。それならいい心配だ。でも、「同意してもらえなくて気まずいのがイヤ」ということだったら、プレゼンターの「自分を守るための心配」だよね。

田中　そうですね。プレゼンターが自分を守っていたら、そもそも会場の皆さんと共感が生まれませんよね。でも、少し油断すると、知らないうちに会場の皆さんより自分の心配を優先してしまいます。

先輩　私も同じだよ。危機に直面したらつい自分を優先したくなる。その思いが出てくること自体は防げないよ。

　　　でも、「今、誰が一番大事なんだ？」を繰り返し思い出して、自分を守ろうとするのを修正していくことはできる。その繰り返しじゃないかな。

田中　「そうですよね」をプレゼンターが言いたくなる動機と、言ってはダメな理由はわかりました。では、逆に、会場の皆さんから「そうですよね」を言ってもらう方法ってありますか？

　　　会場から言ってもらえれば完全に同意が取れているってことですよね。

先輩　あるよ！　では、「そうですよね」を会場の皆さんから言ってもらう具体的な方法を知りたいって思う？

田中　そりゃ思いますよ！

先輩　今のやりとりが答えだな。

田中　えー、今のはそうじゃじゃなくて、本気で知りたいと思った

んですよ！

先輩　ハハハ。そう思うから効くんだよね。

（この回答は2章以降で…）

〈残念なプレゼン❺　「そうですよね！」の問いかけにも会場は知らんぷりで反応がない〉

□ プレゼンテーターが「そうですよね！」会場の皆さんの気づきを先取りしてしまうことで、逆に会場の同意がとれなくなってしまう。

第1章　会場の反応がない！──失敗プレゼン7つの事例

 ## 「これわかりますか？」の質問で会場を怒らせてしまった

　プレゼンテーターと会場の皆さんが双方向に意見をやり取りする対話型のプレゼンは盛り上がります。

　でも、対話のつもりで「これわかりますか？」という相手が答えられない質問をすると、会場の皆さんのプライドを傷つけて怒らせてしまいます。

　そうなると、会場の皆さんはプレゼンテーターの質問を避け、対話が続かなくなり、プレゼンが台無しになってしまいます。

〈ケース❼：「これわかりますか？」で相手を怒らせてしまうプレゼン〉

> 「金属は基本構造が主に3つあります。それによって強度や延性に特徴が出るのですが、そこのあなた、鉄は何という構造かわかりますか？」
> 「わかりません……（専門家じゃないんだから、知っているわけがないじゃないか！）」
> 「bccですよ」

田中　専門家のプレゼンテーターにとっては常識かも知れないけど、専門外の人はわからないですよ。質問されたほうは答えられなくて、なんだか怒っていましたね。

先輩　対話型のプレゼンを勘違いしているプレゼンテーターがよく

起こすミスの1つだね。対話はプレゼンを活性化させて皆さんの理解をより進めるためのものだから、質問された人が答えられなくて会場の雰囲気が悪くなる質問は本末転倒だよ。

田中　なるほど。皆さんの前で答えられないとプライドを傷つけられますよね。

先輩　そう。そうすると会場が「安心の場」でなくなってしまう。皆、質問されたくないって思うだろう。「あなた、答えられないんですか？」のような雰囲気が出てしまうと会場は対立の場になってしまう。

田中　問題点を一言で言えばどうなりますか？

先輩　会場の皆さんが答えられない質問をしていること。

田中　答えられない質問をすることが問題、ですね。でも、会場の皆さんの知識には差があるのだから、たまたま質問された人が答えられるかどうかってわからないのでは？

先輩　質問された人が100％答えられるように設計するのがプレゼンテーターの責任だし、その方法もあるよ。会場の誰かを傷つけるようなことは絶対にないように！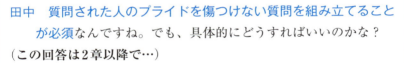

田中　質問された人のプライドを傷つけない質問を組み立てることが必須なんですね。でも、具体的にどうすればいいのかな？

（この回答は2章以降で…）

〈残念なプレゼン❻　「これ、わかりますか？」の質問で会場を怒らせてしまった！〉

☐ 答えられない質問で質問された人のプライドを傷つけ、会場を対立の場にしてしまう

「質問してください」と投げかけても誰も手を挙げない

　質問タイムに誰も手が挙がらない。でも、会場の皆さんは、本当は質問がある場合がほとんどです。「質問してください」と伝えるだけでは、疑問があっても、「もういいか」と質問を諦めてしまいます。
　これではプレゼンの内容がきちんと理解されないままで終わってしまい、学びの効果の薄いプレゼンになってしまいます。

〈ケース❽：「質問してください！」に誰も手が挙がらないプレゼン〉

> 「これで説明は終わりです。何かわからないところがありましたら、質問してください。何でもいいですよ。」
> （会場………）

田中　私のプレゼンもそうでしたけど、手が挙がりませんね。
先輩　今、君は手を挙げないの？
田中　いえ、いいです。特段の質問はないですし。
先輩　でも、プレゼンの途中で「データ採取の準備にどのくらい時間がかかったんだろう？」って呟いていたよね。質問じゃないの？
田中　確かに。でも、大したことではないし、もういいかな。
先輩　質問に手が挙がらない原因の1つだね。プレゼンテーターが「質問をしてください」と会場の皆さんに言いっぱなしになっていて、皆さんが質問できる状態まで誘導していないんだ。

田中　山下先輩のプレゼンは活発に質問が出ていましたね。

先輩　質問をしてもらいたいからね。質問した人はその内容に関しては忘れにくいから、質問してもらったほうが絶対にいい。

田中　なるほど。誘導は必須なんですか？

先輩　そうだよ。誘導しないと、質問が出たり出なかったりする。これだと結果が出るか出ないかも運任せになってしまうからね。しっかり結果を持って帰って欲しいからね。

田中　なるほど。そういう意味では、誘導が必要な場面は、質問以外にもプレゼン中にたくさんありそうですね。

先輩　そのとおり。何か行動を起こしてもらう場面はすべて誘導が必要だ。例えば、プレゼン開始時にアイスブレーク（初対面の場合に、その緊張を解きほぐすための手法）を行う場合、「大きな声で今日の目標を宣言しましょう！」だとお互いに様子見になって行動が起こらない。皆さんの行動を起こすための工夫もプレゼンテーターの責任の一部だよ。

田中　「質問してください」で言いっぱなしにせずに、質問が出る状態まで誘導する、ですね。でも、具体的にどうすればいいのかな？

（この回答は2章以降で…）

〈残念なプレゼン❼　「質問してください」と投げかけても誰も手を挙げない〉

□「質問してください」と投げかけても誰も手が挙がらない

□「質問してください」と言いっぱなしで誘導しなければ、会場から誰も手が挙がらない

第1章　会場の反応がない！── 失敗プレゼン7つの事例

《第1章のエッセンス》

プレゼンテーターは工夫しなければならないことが多い？

それは、プレゼンテーター次第でいいプレゼンができるということ！

　プレゼンを開始すると数々の困った出来事に遭遇します。

　冒頭の挨拶で気まずくなる、居眠りが多い、話を聞かずに資料ばかり読んでいる、疲れた様子、「そうですよね」に反応がない、質問で相手を怒らせる、誰も質問しない。

　それらは、たまたまそうなったり、そういう会場の皆さんだった、のではありません。プレゼンテーターが創り出しているのです。

　ということは、プレゼンテーター次第で結果を変えることができるということです。まず、ここ第1章では、事例を知ることで問題点を把握します。第2章以降では、問題が発生している理由と問題を解決する方法を身に付けていきます。

田中　プレゼンが盛り上がらない理由がこんなにあるのですか！
　　　プレゼンテーターが行うべきことが多すぎて、気持ちが沈んでしまいます。

先輩　確かに、プレゼンテーターが行うことは多いよね。でも、それだけプレゼンテーターがコントロールできることが多いということだよ。会場の皆さんが誰であっても、プレゼンテーターの工夫と努力でいいプレゼンにできるなんてステキじゃない？
　　　やみくもに努力しても結果はついてこないけれど、プレゼンの原理を理解して正しい努力をすれば、努力しただけの結果が得られるよ。

田中　すべては自分次第、そう考えるとやりがいを感じます。では、具体的な改善方法を教えてください！

先輩　了解！

COLUMN
話し方エピソード①

●話し方で仕事量をコントロール可能に

　話し方を教えていただく前は、いつもたくさんの仕事をかかえてしまい、ストレスでいっぱいいっぱいの毎日でした。

　話し方の指導をしていただき実践していくと、集中練習（2泊3日のブートキャンプ）から変化が起こり始め、2か月で自然と仕事の質と量をコントロールできるようになりました。自分でも驚きました。とても嬉しいです。　（30代女性）

　会議や職場などの少人数の会話の変化です。なぜかいつもいっぱいに仕事を抱えている人、身のまわりにいませんか？

　トラブルの原因は「断れない」こと。嫌なものは嫌だと対立せずに伝える方法を身に付けることができれば解決します。彼女は自分の想いをはっきり伝えることで、むしろ対立が減り、感謝される場面が増えたことに驚いていました。

　彼女が「ありのままに」、無理のない日々を送れるようになって私もうれしいです！

第 **2** 章

プレゼンは
これだけ押さえれば
大丈夫！

「積極的に参加しましょう！」と声をかけると、逆に会場が
シーンとなってしまった。でも、別のプレゼンテーターは同
じ言葉で会場を盛り上げている。
　この違いは、持って生まれたキャラクターの違い、ではあ
りません。盛り上がるプレゼンの方法を知っていれば誰でも
再現できるのです。
　では、プレゼンの「これだけ押さえれば大丈夫」の方法を
順番に身に付けていきましょう！

第2章　プレゼンはこれだけ押さえれば大丈夫！

一言の挨拶で
会場の参加意欲を創り出す

　最初の挨拶で「俺はすごいんだぞ！」をアピールすると、会場の皆さんが反感を感じてしまいますが、「私のようなものが」というへりくだった挨拶も、会場の皆さんの信頼を失ってしまい、マイナスの状態からのスタートになってしまいます。

　「1人対1人の会話」と同様に、仲間の関係を築ける挨拶の能力を身に付けることができれば、プレゼンを最初から参加意欲の高い状態でスタートすることができるようになります。

〈レクチャー❶：会場と一瞬で仲間になる（ラポールを創り出す）挨拶〉

> 田中　スタートからいい状態で始めるには、具体的に挨拶はどうすればいいのでしょう？
> 先輩　「会場の皆さんと仲間の関係を築く」方法は1人対1人の会話と同じだよ。ということは……
> 田中　仲間のように話せる「ラポール」※を創り出せればいいのですね。1人対1人の会話のときに習いました。
>
> ※ラポール：話し方の教科書　2章2
>
> 「出身は神戸ですか？」「私も姫路で同じ兵庫県です！」とかの「同じ」や、「すごいですね！」という承認の言葉を口に出すことで一瞬で仲間のように話せる状態が創り出せます。ラポールは心理学の用語で「心と心のかけ橋（仲間意識、信頼感）ができた状態」です。
>
> 先輩　そのとおり！　ラポールを創り出す言葉を口に出すことが大切だ。情報の内容が同じでも「出身は神戸ですか？」に対して、

47

「私は姫路です」では「同じ」を伝えていないから、ラポールは生まれない。「私も同じ兵庫県です！」を口に出す、この少しの差が決定的な結果の差を生んでいたね。

　エンジニアは、内容に大した差がないのならどちらでも同じはずだと考えるからラポールを生み出せない。逆を言えば、たった2％だけ話し方を変えるだけでコミュニケーションが激変する理由がここにある。長年使ってきた話し方を苦労してリセットする必要はないんだ。

田中　そうでした。でも、会場にはたくさんの人がいますよ。全員と「私も同じ」にしようとすると、どんどんくくりが大きくなって、「私も同じ地球人です！」になってしまいませんか？　それってさすがに変ですよ。

先輩　プレゼンのように1人対多人数だと工夫が必要だね。ポイントとしては、全員が「私も」になればいい。

田中　全員が「私も」になる質問ってありますか？

先輩　あるよ！　例えば、「都内から来た人？」、次に「都内以外から来た人？」。これで全員が「私も！」になる。

田中　えー、単純すぎませんか？　それに質問に内容がないじゃないですか！

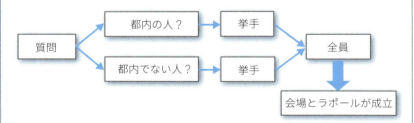

先輩　内容がないのは気になるよね。でも、ラポールは「同じ」を口に出せればいい。「同じ」を口に出すことが肝心なんだ。今回は2つの質問を出すことで、必ず「同じ」を表すことができ

第2章　プレゼンはこれだけ押さえれば大丈夫！

るわけだ。

田中　なるほど。でも、もう少し内容がある挨拶とい
　　いますか、会場に集まっている皆さんに共通する
　　話題を出す方法もありませんか。例えば、省エネ
　　ルギーのプレゼンなら「省エネルギーを学びたいと考えている
　　人？」と質問するとか。

先輩　いいと思う。「同じ」を表明するのが目的だから、基本はそ
　　れでいい。でも、「省エネを学びたいと考えている人？」の質
　　問で、「いいえ」の人が現れても驚かずに対処するように。

田中　例えば？　上司の指示で仕方なく来ています、とか？

先輩　そうだね。「上司の指示でき来ました」「友達に誘われて来ま
　　した」でも驚かずに、「それもいいきっかけですね！」と肯定
　　的な返答でラポールを創り出すこと。「自分で判断して参加す
　　ることが大切ですよ！」のように否定の発言をすると対立が生
　　じてラポールが消滅してしまう。これではせっかくの挨拶が逆
　　効果になる。
　　　挨拶の応用はプレゼンの上達度合いにあわせて徐々に試して
　　みるといいんじゃないかな。

田中　内容にこだわって挨拶が逆効果になるのは避けたいですね。
　　挨拶の目的「全員」「私も」を忘れないようにします！

〈これだけで大丈夫❶　たった一言の挨拶で会場の参加意欲を創り出
す〉

□ 全員が「YES」になる挨拶をして、仲間のように話せるラポー
　ルを創り出すことで、最初から参加意欲の高い状態でスター
　トする。

❷ たった4ステップの仕掛けで全員がワークに参加

　プレゼンの内容は、座って聞いているだけでは「現実に使える」状態になりません。ワークなどの「体験」を通じて学び、身に付けるプロセスが必須です。でも、「参加してください！」では会場の皆さんは行動を起こさず、むしろ指示に対して遠慮や反感が生じ、プレゼンの成果が落ちてしまいます。

　全員に自主的に参加してもらう能力があれば、プレゼンの成果を思いのままにコントロールできるようになります。

〈レクチャー❷：全員が自主的にワークに参加する4ステップの声かけ〉

> 田中　参加した皆さんには、プレゼン内容を理解していただくためにも、全員がワークに参加してもらいたいですね。
>
> 先輩　そのとおり！ただし、参加は「自主的に」が重要だ。強制だと参加しないし、参加しても形だけだから学びにつながりにくい。
>
> 田中　そうですね。でも、「参加しましょう、皆さんの学びのためです！」だと、逆に反感を買ってしまうみたいです。
>
> 先輩　ハハハ。子どもに「あなたのためなのだから、勉強しなさい！」と言うのと同じだよ。そう言われて「わかった！　やる気が出た、勉強します！」という子どもはいないよね。
>
> 田中　では、効果があるのは、子どもが自分で勉強を始める声かけの「えっ、なんで勉強しているの?!　すごいな！」と同じ方法ですか？※

第2章　プレゼンはこれだけ押さえれば大丈夫！

　　でも、たくさんの人を相手にその方法はそのまま使えません
よ。「皆さん、なんでワークしているの？」とか尋ねる場面は
ないですよね。具体的にどうすればいいでしょう？

※説教しても勉強しなかった子どもが自分で勉強を始める：話し方の教
　科書　3章6

「できたとき」に「なぜ」を聞くことで、子どもは自分で勉強する理由
を創り出し、自主的に勉強を始めます。反対に「できなかったとき」に「な
ぜ」を聞くと、できない理由を強化してしまい、ますます勉強しなくな
ります。

先輩　では、具体的な声かけについて、いくつか挙げておこう。

1. 「ご多忙な中、自ら進んで勉強に時間を投資している皆さん
はすごいですね！　私は、そんな皆さんと同じ時間を過ごせ
ますことを、心からうれしく感じています。限られた時間で
すが、私も精一杯務めさせていただきますのでよろしくお願
いいたします！」
　　この挨拶で仲間のように話せるラポールを創り出す。
2. 「同じ時間を投資するのなら、より効果があるほうがいいと
いう人？」と質問する。意見が分かれるような質問じゃない
から、ここでほとんど全員が挙手（同意）する。
3. 　次に「では、いい方法があるのですが、知りたい方！」と
質問すれば、これもほとんど全員が挙手（同意）する。
　　そして「それは、ワークに参加することです。なぜなら、
参加することで……」と説明する。説明してよい許可をも
らってから参加が必要な理由を述べることで、会場の皆さん
は「ワークに参加することを自分に許可する」理由を持つこ
とができる。普段ならワークに参加しない皆さんは、新しい
ことを始める理由を自分自身に言い聞かせて納得する必要が
あるから、このプロセスはすごく大切なんだ。

51

4. さらに、「ワークは苦手……と思う方は、このプレゼンが終了したら、家に帰ってまでしなくていいので、ここにいる間だけ、試しにやってみませんか？ それなら、やってみてもいいよ、という人？」で、リアルな決断に直面する状態を避けてあげるんだ。

こうすれば全員がワークに参加してくれるよ。

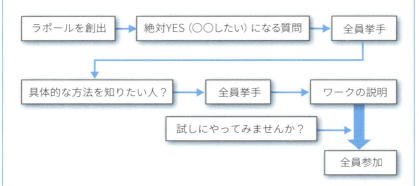

田中　ラポールを創り出してから、ワークに参加してよい理由を提供して、最後に決断に直面しないように「試しに」で参加の敷居を下げるのですね。やってみます！

〈これだけで大丈夫❷　たった4ステップの仕掛けで全員がワークに参加！〉

☐ ①ラポールを創り出す → ②絶対YESの質問 → ③ワークに参加してよい理由の提供 → ④リアルな決断に直面しないように「試しに」で参加の敷居を下げる。この手順で全員にワークに参加してもらう。

3行で伝えるプレゼンが会場を惹きつける

　プレゼンターは、せっかく皆さんに情報提供するのだから、あれもこれも、できるだけ多くのことを伝えたい、と考えがちです。でも、「初めて聞く情報」を一度にたくさん教えられると、受け取る側は何の話だったのかわからなくなってしまいます。内容は1つ。さらに「一言で言えば○○！」で表現できる明確さがなければ何の話なのかわかりません。

　そのためには3行まで削る。3行を確実に伝えることで主旨が明確になり、聞きやすいプレゼンになるのです。

　3行だけ伝えるプレゼンを身に付けることができれば、思いのままに会場を惹きつけるプレゼンターになれます。

〈レクチャー❸：会場を惹きつける3行で伝えるプレゼン〉

> 田中　私は、せっかく皆さんに情報提供するのだから、できるだけたくさんの情報を詰め込んでいるのですが、会場の反応も薄いし、あまりきちんと伝わっていないような感じがしています。どのくらいまで減らせばいいのでしょうか？
> 先輩　例えば、会場の皆さんが、上司に「どういうプレゼンだったの？」と聞かれたときに「○○でした！」と言えれば、内容は理解されていると考えていい。
> 田中　でも、1〜2時間あるプレゼンを簡潔に伝えられる能力を持っている人は珍しいんじゃないですか？
> 先輩　まず、プレゼンター自身が「何のプレゼンですか？」と聞かれて端的に、3行程度で答えられること。そ

うでないと会場の皆さんも答えられないよ。

田中　なるほど！　でも、3行は厳しいですね。具体的にどうすれば3行で答えられますか？

先輩　もし、1時間話す予定だったプレゼンの時間がプログラムの都合で15分になったら？　さらに5分になったら？　最後はたった3行しか話せないとしたら？　を考えるんだ。
　　　大切なことはたくさんある。それを涙を飲んで諦めていくとしたら？　そのとき、最後に残る3行は何か、を考えるんだ。

田中　なるほど！　でも、そこまで削るのは大変です。

先輩　慣れるまではね。プレゼンの準備でいちばん時間がかかるところだよ。本当に知恵を絞る必要があるからね。

田中　でも3行まで削れたとすると、プレゼンが一瞬で終わってしまいますよ？

先輩　3行まで削れたら、次に、3行が確実に参加者に伝わる方法を工夫するんだ。例えば、事例で説明する、ワークをする。田中君に順番に解説していくつもりだけど、いろいろ工夫できるよ。プレゼンの時間を最大限使って「3行を確実に伝える」、それがプレゼンの構成方法だよ。

田中　私は制限時間いっぱいに、あれもこれも情報を盛り込もうとしていました。全く反対のことをしていました。

先輩　では、田中君の「エネルギー供給」のプレゼンだとどうかな？

田中　んー、何が3行なんだろう？　何のエネルギーがいいか、は諸説あるし……

先輩　正しさを伝えることがプレゼンの唯一の目的ではないよ。例えば、自分でエネルギーの使い方を考えるようになって毎日の行動を変えてもらいたいなら、それにふさわしい3行がある。他にも、エネルギーの節約を始めてもらうための3行もある。

君がプレゼンテーターとして、会場の皆さんのために、何を持って帰ってもらいたいか、だよ。

田中　私が決めるのですか?!

先輩　君が皆さんの時間を預かり、未来の可能性を預かっている。その責任を果たすのがプレゼンテーターのお役目だ。

田中　そこまで考えていませんでした。責任重大ですね。でも、ワクワクします。そうだ！　エネルギー供給でしたら、「エコバッグでエコ活動はできていないことを知る！」です！

先輩　というと？

田中　買い物袋の持参は行動としてわかりやすいですけど、それで節約できる石油の量は1人当たり1日1枚で0.02リットル程度と言われています。でも、私たちは1日に10リットル以上の石油を使っているんですよ。エコバッグで「エコな生活をしている」と勘違いしてしまうと、本当に必要な省エネルギーの行動をしなくなってしまうという大きな問題が発生します。自転車を使ったり電球をLEDに変えるほうが、はるかに省エネルギーには重要なんです。これを知ることで「省エネルギーをしているつもり」ではなくて、効果のある省エネルギーに取り組んで欲しいんです。じつは自分は省エネルギーをほとんどしていない、という自覚を持ってもらうことで、行動を起こすきっかけになればと考えています。

先輩　それ、いいね！

〈これだけで大丈夫❸　3行で伝えるプレゼンが会場を惹きつける！〉

□ 時間がなくて「たった3行しか話せないとしたら」を考える。3行まで削れたら、3行が確実に会場の皆さんに伝わる方法を工夫する。

4 「会場と会話」して会場の集中力を維持する

　プレゼンの出だしがよく、内容が素晴らしくても、時間とともに会場の皆さんの集中力は低下していきます。集中力が低下すると、聞き逃しから理解できない内容が発生して、プレゼンから脱落してしまい、プレゼンへの参加意欲はなくなってしまいます。こうなるとせっかくうまく進行しているプレゼンが台無しです。

　そこで、「会場と会話する方法」を身に付けることで、会場の集中力が途切れないプレゼンが可能になります。

〈レクチャー❹：参加者の集中力を維持する「会場と会話する」プレゼン〉

田中　プレゼンの内容に入ると、だんだん参加者の集中力が低下して、30分もすると反応がなくなってしまいます。山下先輩は3時間でも4時間でも盛り上がりが続きますよね。集中力が続くポイントは何でしょうか？

先輩　例えば、こうして長い時間、話をしていても、君は私の話を聞き逃して内容がわからなくなったりしてないよね。どうして？

田中　質問させてもらったり、逆に質問をされたりしているからですよ。

先輩　そうだね。もし、君がまったく話さずに、ひたすら私の話を聞いているだけだとどうなる？　それと会話をしている場合を比べると？

田中　なるほど、聞いているだけだと無理ですね。ポイントは会話

ですね。

先輩　そうだ。プレゼンでも会話が成立していれば相手はきちんと聞いてくれる。だんだん集中力が低下する原因はプレゼンテーターが一方的に話すからだよ。

田中　でも、話すといってもどうやって？　全員順番に話しかけるのですか？　そんなの収拾がつかなくなりますよ。

先輩　そのとおり。一人ひとりと話をするのは不可能だ。冒頭の挨拶で「都内から来た人？」を尋ねたよね。あれと同じ方法を使えばいい。

田中　「これの答えはＡだと思う人？」と挙手してもらうとかですか？

先輩　それでいい。できるだけ「質問で進行する」んだ。他に、「さきほどのキーワードは何でしたか？」と説明した内容を繰り返してもらうのも効果的だ。話すときは目線を順番に合わせていくのもポイントだね。

```
┌─────────────────────────┐      ┌──────────────────┐
│ 説明内容を質問の形式で回答を聞く │ ──▶ │ 会場と会話ができる │
└─────────────────────────┘      └──────────────────┘
                                          │
                                          ▼
                              ┌──────────────────────────┐
                              │ 会場の集中力が途切れないプレゼン │
                              └──────────────────────────┘
```

田中　意外に簡単ですね。

先輩　簡単だ。ところが、プレゼンテーターは、つい自分で答えを言ってしまうことが多い。重要な箇所だからみっちり練習が必要だ。それと次に説明する「絶対否定しない姿勢で、会場の信頼を手に入れる」ことも合わせて注意して欲しい。

　　さて、キーワードをどうしてもらうんだっけ？

田中　キーワードを繰り返してもらう！

先輩　そう、正解！　こんな感じで！

田中　なるほど。練習します。

〈これだけで大丈夫❹ 「会場と会話」して皆さんの集中力を維持する！〉

□ プレゼンテーターだけが話すのではなく、「先ほどのキーワードは何でしたか？」と説明した内容を繰り返してもらうなど、会場と会話することで、会場の皆さんの集中力が途切れないプレゼンになる。

「絶対否定しない」姿勢で会場の信頼を得る

　プレゼンテーターはつい、質問した相手の答えを否定してしまい、気がつかない間に会場の皆さんの信頼を失うことがあります。否定によって仲間のように話せるラポールが消滅するのです。

　その結果、質問に反応する人が少なくなってプレゼンテーターが一方的に話す状態になり、プレゼンは台無しになってしまいます。

　「絶対否定しない」姿勢を身に付けていれば、会場の信頼を手に入れることができ、活気のあるプレゼンが可能になります。

〈レクチャー❺：「絶対に否定しない」姿勢で会場の信頼を手に入れる〉

先輩　質問形式でプレゼンを進めていると、正解じゃない答えもあるよね。そんなときはどうする？

田中　えっ、正解じゃないんだから「違います」じゃないですか？

先輩　仮にそうだとして、次の人は質問されるとどういう状態になるかな？

田中　自分が正解できるかどうか、気になりますね。「わかりません」とか、黙って答えないとかもあるかも。

先輩　そのとおり。「違います」と発言されると、会場の皆さんは「質問されたくない」と感じるようになる。その結果、質問に反応する人が少なくなって、プレゼンテーターが一方的に話す状態になってしまう。

田中　会って30秒で仲間のように話せるラポールと同じですね。否定すると安心して話せる信頼が失われてしまう。1人対多人

数でも原理は1人対1人の話し方と同じ※ですね。

※南極は南だから暖かい：話し方の教科書　3章1

「南極は南だから暖かい」などの明らかに間違っている意見も「相手がそう考えていることは事実」なので、「違います！」と答えるのではなく、「南極は南だから暖かいと考えているのですね」のように、「そう考えているという事実に同意する」ことでラポールを維持しつつ、「もう少し詳しく教えていただけますか？」と内容を進めていきます。

先輩　そのとおり。否定せずに「なるほど！」「そういう考え方もありますね！」などの返答がいい。

田中　でも、数値とかはどうするんですか？　実験Aの数値が10なのに、「答えは9です！」とかだと「絶対に間違い」じゃないですか。嘘をつくわけにはいかないし……

先輩　そのときは否定せずに、「他にありますか？」と聞く。例えば、「なるほど！　他に違う答えの人いますか？」とか。正解の10が出るまで続けて、10が出たら「10ですね。では仮にそれで確認してみましょう！」とデータの該当の個所を示すなどして10が正解であることを伝えればいい。

田中　10以外は不正解であることは言わないのですか？

先輩　言わなくていい。むしろ、「10以外の答えになった人もいますが、いろいろな意見をシェアしていただくことで皆さんの勉強になります。ありがとうございます！」と感謝を伝えるくらいがいい。

田中　「違います」と言わないように気をつけます。逆に、もっと積極的にと言いますか、例えば、会場の皆さんが「間違っても、

第 2 章　プレゼンはこれだけ押さえれば大丈夫！

　　　　発表してもいいかな」と思ってくれる方法とかありますか？
先輩　　フレーミングだね。1人対1人の会話で使った会話のフレーミング※を覚えている？

※フレーミング：話し方の教科書　4章3

　　会話のフレーミング（枠をはめる）は「今日はデータの正確さを平均値からの乖離率を使って議論します」のように、議論の考え方や判断の仕方をあらかじめ伝えることで、その枠内で議論を進める方法。

田中　　覚えています。あらかじめ「こんなふうに考えるんですよ」と伝えて、思考の枠をはめる方法ですね。
先輩　　そう。今回なら「皆さんにどれが正解か挙手していただきます。でも、ここは正解かどうかを問うのが目的じゃありません。自分で行動したら記憶に残るのです。だから、今日皆さんがたくさん学びたいと思うのなら、まず手を挙げる。余裕のある人は、むしろ間違いのほうに手を挙げるのも学びにとっていい方法なんです。では、今日は積極的に挙手してみようと思う人？」という前振りをしておくとかが効果的だよ。

| 間違うほうが学びが多いというフレーミング | | 積極的な挙手 |

田中　　「返答は否定しない！」でがんばります！

〈これだけで大丈夫❺　「絶対否定しない」姿勢で会場の信頼を手に入れる〉

☐　会場の返答が間違っていても「違います！」と否定せず、「なるほど、他に違う答えの人いますか？」と正解が出るまで聞くなど、「絶対否定しない」姿勢で会場の信頼を手に入れる。

全員が興味を持つ話題を一瞬で創り出す!

　人は興味のある話題は熱心に聞きますが、興味がない話題はうわの空になります。だから、会場の皆さん全員を相手にしたプレゼンの鉄則は「全員が興味を持つ話題」を話すことです。

　多くのプレゼンテーターが「全員が興味を持つ話題」が見つからない！ と悩んでいますが、原因は「全員が興味を持つ話題を見つけようとするから」です。それよりも、「全員が興味を持つ話題を創り出す」ほうが簡単なのです。

　全員が興味を持つ話題を一瞬で創り出す方法を身に付けることができれば、あなたは全員の興味が途切れないようなプレゼンを自在にできるようになります。

〈レクチャー❻：全員が興味を持つ話題を一瞬で創り出す〉

> 田中　質問でプレゼンを進める、否定をしないで信頼を得る、のはわかりましたけど、会場の皆さんがプレゼン内容に興味がないと反応がないですよね。
> 先輩　そのとおり。興味があることを話すのはとても大切だよ。
> 田中　でも、会場の皆さんの興味って人それぞれですよ。全員が興味を持つことを知るなんて不可能じゃないですか？
> 先輩　そうだね。それは不可能だ。そもそも多くの人は「自分が何に興味を持っているのか」をわかっていない。
> 田中　えー！

先輩 1人対1人の会話で、PDCAを回して相手の考えを知る方法は鉄板の手法だけど、いくらPDCA[※]を回しても、毎回意見が変わって振り回される人がいる話があったよね。その場合は目的に沿った相手の意見を創ることが重要だった。

※PDCA：話し方の教科書　4章2

目的を達成するために計画（Plan）を立てて、実行（Do）し、結果をチェック（Check）して、改善（Action）するPDCAサイクルを会話で行うこと。会話の目的を達成する計画と手段（会話方法）の選定、会話、相手の反応、計画と手段の修正を行います。

田中 確かに。相手の考えに寄り添いたくても、自分の考えを持っていない人の考えに寄り添うのは無理ですもんね。そういう場合がけっこう多いことにも驚きました。そういう場合は相手の意見を創り出して合意する[※]のでしたね。

※会話のフレーミング：話し方の教科書　4章3

相手にはっきりとした意見がない場合、自分の意見を、相手の意見のように返事をもらうことで、相手の意見を創り出し、一瞬で合意する方法を使います。その際、「この件はＡ規格に従うことになっていますから、今回取得したデータの分散値を確認して、規格の範囲なら合格と判断できます」のように、会話のフレーミング（「2．5「絶対否定しない」姿勢で会場の信頼を維持する）を参照）を用いながら、合意までの思考をナビゲーションします。

先輩 プレゼンの場合、プレゼンに興味がある、というのもプレゼンがうまくなってキャリアの一環にしたいのか、誰かに何かを伝えてその人のためになりたいのか、わかっている人はほとんどいない。その状態で、例えば「プレゼンの失敗事例を教えます」とオファーしても、「それ、教えて！」とはならないよ。

田中 確かに、私も「プレゼンがうまくいかない」→「うまくなりたい」くらいにしか考えていないかな……

先輩 それで普通だよ。具体的に何が問題なのかわかっていないんだ。だから、最初にうまくいっていない具体例を知れば、改善

　　　　点がわかりやすいという説明を君にしたんだ（第1章）。そし
　　　　たら、うまくいかない具体的な問題を聞きたくなっただろう？
田中　ええ、聞きたいと思いました！
先輩　でも、話を聞く前はそうではなかった。
田中　ええ！　確かに！
先輩　それだよ。聞きたい話題は相手から探すのではなくて、相手
　　　が聞きたい話題を創り出すんだ。
田中　なるほど！　創り出せばいいという発想はわかりました。で
　　　も、自分が「参加者が聞きたい話題」だと考えても、実際に参
　　　加者が聞きたい話題になっているかどうか、その保証がないの
　　　では？
先輩　確実に興味を創り出す手順があるんだ。例えば、「この中で
　　　プレゼンがもっとうまくなりたい人？」で挙手してもらう。こ
　　　の聞き方だと、すでに上手な人、まだ上手じゃない人両方が対
　　　象になるし、今よりよくなるのに反対する人はいないから、全
　　　員が該当するよ。挙手してもらったら「では、うまくなる方法
　　　を具体的に知りたい人？」と聞けば、これも全員の手が挙がる。
　　　　次に「プレゼンがうまくなる方法は、皆さんより先にチャレ
　　　ンジして失敗した人の事例で、失敗した原因を知っ
　　　ておくことです。今日、資料を準備してきたので
　　　すが、内容を知りたい人？」なら全員の手が挙が
　　　るよ。
　　　　100% YESになる低いハードルの質問を順番に積み重ねて
　　　いくんだよ。

第2章　プレゼンはこれだけ押さえれば大丈夫！

　　それに対して、「プレゼンが上手になるために知っておくべき失敗事例をお話します」だけだと興味を持つ人もいれば、いない人も出てしまう。

田中　なるほど！　100％YESになるハードルの低い質問を順番に積み重ねていけば、全員が興味のある話題を創り出せるのですね！　やってみます！

〈これだけで大丈夫❻　全員が興味を持つ話題を一瞬で創り出す！〉

□ 100％YESになるハードルの低い質問を順番に積み重ねていくことで、全員が興味を持って聞きたいと思う話題を創り出す。

7 シェアタイムで参加の充実感を創り出す

　プレゼンでたくさんのワークをするのは、新しい知識を身に付けるいい方法ですが、それだけではあなたのプレゼン参加に充実感をもたらすことはできません。

　そんなときに効くのがシェアタイム。自分の意見をシェアすることで「参加してよかった」と感じる充実感を創り出せます。

　恥ずかしがり屋の方にも気持ちよくシェアしてもらえる方法を身に付けることができれば、全員が「参加してよかった」と感じるプレゼンにすることができます。

〈レクチャー❼：参加者が活躍できるシェアタイムを設ける〉

田中　たくさんワークがあっていいプレゼンなのに、不思議と印象に残るプレゼンと、すぐ忘れてしまう印象に残らないプレゼンがありますね。これもコントロールが可能なんでしょうか？

先輩　コントロールできるよ。例えば、スポーツをしたとき、自分の所属するチームが優勝するとうれしいよね。

田中　もちろん！

先輩　では、それがいつ、どういう試合だったか覚えてる？

田中　えーっと、いろいろあるんですが、どれかと言えば……

先輩　では、君が活躍した試合のことは覚えてる？

田中　覚えています。高校生の頃、ネットボールでゴールシューターのポジション。最後の第4クォーターの残り15秒で逆転

シュートしました！

先輩 そういうふうに自分が活躍したことは覚えている。それと同じだよ。会場の皆さんが活躍する場面を創ればいい。

田中 それはそうですが、全員にワークの結果を発表してもらうのは不可能だし……

先輩 それだよ！ 全員にワークの結果を発表してもらう。ただし、全員の前で1人ずつ発表するのは時間的に不可能だから、5名程度のチームに分かれて、1人ずつ自分の考えたこと、感じたことを発表してもらうんだ。

田中 でも、引っ込み思案な人は発表に抵抗がありますよ。もじもじしている人がいたら逆効果になるのでは？

先輩 そうだね。発表というと身構える人が多い。だから、正解も不正解もない「自分はこう考えた、こう感じた」をありのままを共有していただく。シェアだということを伝えるんだ。

田中 確かに！ シェアだと抵抗を感じにくいです。

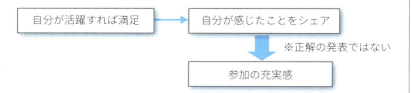

先輩 ワークごとに1人30秒程度でいいから、シェアタイムを設ける。これなら5名でも2、3分で終わる。そうすれば皆さん、充実感が得られるよ。

田中 なるほど！ ちなみに、時間は計ったほうがいいですか？ 盛り上がったら区切りがつくまで待ちますか？

先輩 概ねであればよいので、計らない。それと、むしろ盛り上がっている最中に時間を区切るほうがいい。全盛期で引退した人が印象に残るのと同じだな。

田中　わかりました！　シェアタイムで皆さんに充実感を抱いていただきます。

〈これだけで大丈夫❼　シェアタイムで参加の充実感を創り出す〉

☐ 5名程度のチームに分かれて1人30秒程度、正解、不正解ではない感じたままをシェアしてもらうことで、参加の充実感を創り出す。

第2章　プレゼンはこれだけ押さえれば大丈夫！

8 プレゼンを演出する資料の作り方、活かし方

　講演会やプレゼンの現場で詳細な資料を配布すると、会場の皆さんは手元の資料を読むのに没頭して、プレゼンを聞かなくなってしまいます。プロジェクターで映し出す資料も同様です。資料を作り込みすぎると、会場の皆さんは資料に集中し、あなたのプレゼンを聞かなくなってしまいます。

　では、資料は全くないほうがいいのかと言えば、そうではありません。プレゼンの目的に沿った「プレゼンを活かす資料」こそが必要なのです。プレゼンを活かす資料の作り方を身に付けることができれば、会場の皆さんがあなたの語る言葉を熱心に聞き、インタラクティブなやり取りを通じて、より満足度の高いプレゼンにすることができます。

〈レクチャー❾：プレゼンを活かす資料〉

> 田中　プレゼンといえば「配布資料とプロジェクターで映す資料の作り込み」がメインのようなところがありますけど、資料に注目が集まるとプレゼンテーターの話を聞かなくなる。言われてみればそうですよね。
>
> 先輩　情報を提供することが「伝える」ことだ、といった思い込みがあるから、資料の作り込みに注力する人は多いよね。でも、プレゼンの目的は完成度の高い資料を作ることじゃない。資料はプレゼンを補助するものだ。そういう視点で「資料の目的」を考えれば、どのような資料がいいのかわかるはずだ。

69

田中　なるほど。プレゼンの補助が目的でしたら、資料に情報は詰め込まないほうがいいですね。先輩はいつもプロジェクターで投影する資料はキーワード程度で、それも数行ですよね？

先輩　そうだね。説明のキーワードと次の展開を表す言葉程度にしている。例えば、太陽光発電のプレゼンだと、プロジェクターの資料は「太陽の光は永久に無料！ でも……」

田中　「でも……」が気になります！

先輩　気になるよね。だから、インタラクティブ（相互）なプレゼンがやりやすくなる。例えば、「でも……何だと思います？ ヒントは、石油は、もともと無料で地面に埋まっていたものを掘り出しています。でも、無料ではないですよね。太陽の光は無料で手に入ります。では、太陽光発電の電気は無料でしょうか？ それとも有料だと思いますか？」のようにプレゼンができるよ。

田中　なるほど。会場（参加者）との会話がしやすくなりますね。でも、プロジェクターの資料は使わないとか、要所でデータや画像を映すだけのプレゼンテーターもいるみたいです。資料は使ったほうがいいのですか？

先輩　プロジェクターの資料がないと、プレゼンテーターに注目が集中するから、プレゼンテーターへの注目を重視する場合は資料はなくてもいいということになるよね。そういう組み立てもありだ。一方で、私はインタラクティブなプレゼンで「理解」と「実践」を進めるのを目的にしているから、インタラクティブにプレゼンを進めやすくなるキーワード程度の情報を映し出すのがいい選択なんだ。他には、「映し出す」ことで、聴覚より視覚から情

第 2 章　プレゼンはこれだけ押さえれば大丈夫！

　　　　報を得るのが得意な人にわかりやすいというメリットもあるよ。
田中　なるほど。プレゼンの進め方の違いに応じて、ですね。私は山下先輩と同じで、キーワード程度を映し出すのがいいです。プレゼンの資料が次に何を話すのか、私自身のナビゲーションにもなりますし。では、配布資料はどう工夫すればいいですか？
先輩　基本的な考え方は同じだよ。私の場合は、例えば、太陽光発電のプレゼンなら、「太陽光発電の仕組み」「太陽光発電のコスト」のような見出しをA4の用紙1枚あたり2つ程度記載する感じかな。参加者には余白に聞き取った内容を書いてもらうことで、記憶に残りやすくなる。

田中　なるほど。配布資料は見出し程度の箇条書きですね。見出しが並んでいれば、プレゼンの全体が把握できる効果もありますね。
先輩　そうだね。主な狙いの他に付随的なメリット、デメリットもあるから、できるだけ多くの組み立てを考えておくこと！

〈これだけで大丈夫❾　プレゼンを活かす資料の作り方〉
☐ 配布資料やプロジェクターに映し出す資料は、資料に会場の注意が集中しないよう、また、プレゼンの補助になるよう、箇条書きのキーワード程度のものを準備する。

プロはプレゼンを
時間ぴったりに終わらせる

　プレゼンは予定された時間が決まっています。しかし、会場の皆さんとのやりとりやワークの盛り上がりで、予定したペース配分で進行することが難しくなることがあります。

　時間オーバーは論外、プロ失格です。しかし、時間を守るために早口で進行すると会場の皆さんの理解が追いつかず、プレゼンの意味がなくなってしまいます。

　プレゼンの時間調整の方法を身に付けることができれば、深く学びながら時間どおりに終わるプロのプレゼンが可能になります。

〈レクチャー❽：2種類のワークで時間ぴったりに終わらせる〉

> 田中　会場の皆さんと会話するように進める方法は盛り上がっていいのですけど、質問も随時出てきますよね。進行時間が読めなくなりませんか？
>
> 先輩　確かに。でも、予定時間は厳守だよ。予定が長引いて次の人の時間を奪ったり、主催者の予定を狂わせるのはいけない。
>
> 田中　でも、どうすればいいでしょう？　途中なのに「ハイ、時間です！」とか言えないし。時計を見ながら早めに進める、とか調整するのでしょうか？
>
> 先輩　そうだね。でも、あくまで主役は会場の皆さんだから、プレゼンテーターの都合を優先させて早口で終わらせるのはいただけない。それと、時計をチラ見しながらプレゼンを進めていると、会場

の皆さんの注意力が落ちてしまう。

田中　でも、山下先輩は時間ぴったりに終わりますよね。時計は見ていないんですか？

先輩　時計は会場の皆さんから見えないところに置いている。それに、何度もプレゼンをしていると時間感覚が身に付くから、たまに見るだけで大丈夫になるよ。それと、ワークを、絶対に必要なワークと、必須ではないワークに分けている。

田中　全部を実施しないんですか？

先輩　そのとおり。時間によっては省略するワークもあって、最後はそこで時間調整をしているよ。

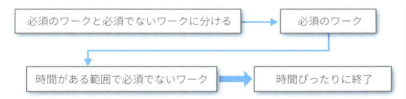

田中　用意したのに実施しないのはもったいないような……

先輩　全部実施してもそれぞれに深く入れないのなら身に付かない。それより、一部でもいいから、コアになる深く入るワークがあったほうが、皆さんが持って帰れるものが多い。その時々で会場の皆さんに合ったワークが異なることもあるから、それも優先順位に考慮しながらだね。

田中　なるほど。質は落とさず、プレゼンの時間は必須でないワークの数で調整、ですね。

〈これだけで大丈夫❽　プロはプレゼンを時間ぴったりに終らせる〉

☐　時間がなくても説明の速度を上げない。必須のワークと、必須ではないワークに分けて、深く学び、かつ時間どおり終わるよう、必須でないワークの数で時間調整を行う。

《第2章のエッセンス》
8つの重要スキルでプレゼンは成功する！

　プレゼンの開始、進行、完了。それぞれにキーとなるプレゼンスキルがあります。
　① 参加意欲が上がる挨拶
　② 全員がワークに参加する
　③ 3行で会場を惹きつける
　④ 皆さんの集中が続く「会場と会話」
　⑤ 信頼を手に入れる絶対否定しない姿勢
　⑥ 全員が興味を持つ話題を一瞬で創り出す
　⑦ シェアタイムで充実感を創り出す
　⑧ プレゼンを効果的に演出する資料の作り方、活かし方
　これらの8つのスキルを身に付ければ、常に成功するプレゼンを再現することができるようになります。
　そしてもう1つ、プロとしての意識を持って、プレゼンは時間ぴったりに終わらせます。

田中　プレゼンの始まりで、会場の皆さんとラポールを創り出す、ワークに参加してもらう、会場と会話しながら進める、否定しない返答でラポールを維持する、会場の皆さんが興味がある会話を創り出す、シェアタイムで充実感を創り出す。本当に1人対1人の会話の拡張ですね。1人対1人の会話で効果を実感していますから、プレゼンの場合でも納得できます。
先輩　人間の本質は同じだから、その本質をどうやって具体的に会話やプレゼンに展開するか、だよね。
　　　ラポールを創り出すこと、維持することが基本なのは変わらないよ。

第 2 章　プレゼンはこれだけ押さえれば大丈夫！

田中　教えていただいた内容がきっちり実践できれば、今までと全然違ったプレゼンになりそうです。ありがとうございました！

先輩　それはよかった。でも、それだけでいいのかな？　笑いや感動を事前に設計する方法もあるよ。要る？

田中　えー、要ります！　それができればプレゼンが超パワーアップします。それだけじゃなくて、人生が変わりそうな感じがします！

先輩　確かに、エンジニアが笑いや感動を事前に設計する方法を身に付けると、本当に人生が変わるよ。では、順番に……。

COLUMN
話し方エピソード②

●苦痛だった会話を楽しんでいます！

　以前は話題がないうえ、話をしてもすぐに会話が続かなくなり、気まずい状態になっていました。話をする前からその状態を想像して、話をすることが嫌でした。

　ところが、話し方の実践から2か月も経たないうちに、コンビニの店員さんに対して「笑顔、素敵ですね！」と話しかけられるようになり、初対面の外国の方とも日本の名所について話したり、と会話を楽しめるようになりました！

（40代男性：エンジニア）

　何を話したらいいかわからずに会話を苦痛に感じている人、身のまわりにいませんか？

　トラブルの原因は「話し方の基本を知らなかった」こと。自分を守ろうとせずに、相手の興味がある話題を聞く手順を身に付けることができれば問題は解決です。

　彼が「毎日を楽しんで過ごせる」ようになって私もうれしいです。リーダーとなって技術力を如何なく発揮してください！

第 **3** 章

「感動」「笑い」の
感情を設計する！

感動や笑い、会場の反応は当日の流れ次第……。

　「ヒットする日もあれば、そうでない日もあるのは仕方が
ない」と考えるなら、プレゼンの成功は運まかせになってし
まいます。

　「感動」や「笑い」をアドリブで行っていては、自分で自
分のプレゼンを危機に陥れているのと同じです。

　プレゼンでつかんでおきたい会場の感情は事前に設計でき
るのです。「感動」や「笑い」を事前に設計する方法を身に
付けることができれば、プレゼンを確実に成功へコントロー
ルすることができます。

第3章 「感動」「笑い」の感情を設計する！

❶ 「ドキドキ」からプレゼンテーターとしての姿勢を理解する

　あなたは大勢の前でプレゼンをするとき、緊張してドキドキしていませんか？

　ドキドキしないようにと、「会場はカボチャ畑だ！」などで緊張を紛らわせているようなら、会場を動かすプレゼンはできません。

　「ドキドキ」の意味をしっかり理解することが、会場を動かすプレゼンを可能にするのです

〈レクチャー❶：大勢の前でドキドキする理由に向かい合う〉

田中　大勢の前でプレゼンするとドキドキと緊張するんですよ。これって慣れればドキドキしなくなるんでしょうか？　「会場はカボチャ畑だ！」とか、「人という字を手のひらに書いて飲み込む」とかを試していますけど、他にいい方法がありますか？

先輩　ドキドキしない方法を知りたい、か……気持ちはわかるけど、それはもったいないな。

田中　どういうことですか？　ドキドキしなければ実力を発揮できていいプレゼンができるのでは？

先輩　では、なぜドキドキすると思う？

田中　うまく話せるだろうか、会場の反応があるだろうか、とか失敗が心配なんです。

先輩　失敗したら何が問題なの？

田中　何がって、恥をかくとか嫌じゃないですか！

先輩　誰が嫌なの？

田中　私が……あっ！

先輩　他意がないのはわかるけど、会場の皆さんより自分を心配しているわけだ。

田中　確かに。これでは会場の皆さんと仲間のように話せるラポールは創り出せませんね※。

※コンビニの店員さんを笑顔にするワーク：話し方の教科書　２章５

　「お休みの日も大変ですね！」「どちらから来られましたか？」「すごいですね！」「笑顔、ステキですね！」の４行で店員さんの最高の笑顔を創り出します。「変な人って思われたらどうしよう？」や「答えてくれなかったら気まずい」などの「自分を守る気持ち」を持たず、「相手のため」で臨めること、がうまくいく条件です。

先輩　そのとおり。「プレゼンテーターが会場の皆さんより自分を優先している」限り、共感を呼ぶプレゼンにはならない。そこを自覚せずに「カボチャ畑」で気持ちをそらしたり、プレゼンの回数を重ねて慣れることでドキドキしなくなっても、自分を優先している姿勢は変わらない。その状態だと、参加者の共感を得て人を動かすプレゼンテーターにはなれないよ。

田中　確かに！　では、山下先輩はどうしているんですか？　大勢の前でも平気なんですか？

先輩　以前は君と同じだったよ。あるとき、すごくドキドキしたことがあったんだ。会場の出席者から冒頭に「あなたの仕事には反対だ！」と発言があってね。皆、自分の想いがあるからね。

田中　山下先輩の専門は原子炉の修理ですよね。反対する人もいますよね。それで、どうしたのですか？「お静かに！」ですか？

先輩　そのとき考えたのは、相手がやろうと思えば、資料や音声の一部を切り取って利用すれば私を窮地に陥れることくらいいくらでもできる。だからダメなときはどう対応してもダメだろう。でも、いいじゃないか。もし私が消えることになっても、それで皆さ

んの議論を一歩進めることになるなら、それがプレゼンターターの役割じゃないか、とね。

田中　うーん、それで具体的になんて言いました？

先輩　ご意見ありがとうございます！　せっかく貴重なお時間を使って来ていただいたので、お考えをシェアしていただけますか？　いろいろな意見を聞かせていただくのが皆さんの学びになると思います。シェアの時間はもう少しあとに予定していますが、それでいいですか？

田中　それで、結果は？

先輩　その方には最後まで聞いてもらえたし、「こうしたらいいんじゃないか」という提案もいただいたよ。

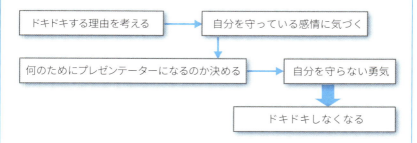

田中　山下先輩の自分を守らない姿勢で会場が動いたんですね。でも、勇気、要りますね！

先輩　そうだね。でも、別の言い方をすれば、プレゼンター次第でプレゼンは良くも悪くもなるということだよ。あのとき、「お静かに！」「発言はあとで！」とかの対処をしていたら、会場は対立の場になってしまったと思うよ。自分を守らない勇気もプレゼンターの責任の一部じゃないかな。

田中　感動です！　プレゼンターって、私が考えていたより責任重大です。私もその勇気を持てるよう、プレゼンの準備をしっかりやっておきます！

〈感情の設計❶ 「ドキドキ」からプレゼンテーターとしての姿勢を理解する〉

□ 自分の失敗を恐れてドキドキするのは、会場の皆さんより自分を優先しているから。自分より会場の皆さんを優先する勇気を持てばドキドキしなくなり、会場と対立しない一体感のあるプレゼンになる。

第3章　「感動」「笑い」の感情を設計する！

2 臨場感のある伝え方なら会場は「聞きたい！」

「こんないいお話がある！」と伝えても、それだけでは聞く側が自分に関係あることだと感じないため、「わー、何それ、知りたい！」とは思いません。

たくさんの情報がある現在は、情報を伝えるだけでは聞きたい気持ちは起こらないのです。でも、臨場感がある伝え方ができれば、聞く側は自分のことと感じ、ぜひ聞きたいと思うのです。

臨場感がある伝え方を身に付けることができれば、会場があなたの話をもっと聞きたいと思うプレゼンが自在にできます。

〈レクチャー❷：「聞きたい！」と思う臨場感のある伝え方〉

> 田中　この前、泊ったホテルで無料のビールがたくさん用意されていたんですよ。いい発想のサービスだな、と思ったのでプレゼンで話したのですが、会場の反応は全くなしでした。いい内容だと思ったんですけど……。
> 先輩　情報を伝えるだけだと「ああ、そう」になってしまう。会場の皆さんは自分に関係があるとは思わないからね。
> 田中　内容が悪いわけじゃないんですか？
> 先輩　悪くはない。臨場感があれば伝わる内容だよ。例えば、「宮古島のフェリスリゾートは小さいホテルだけど、すごく印象に残りました。案内係の人が「フリードリンクになっていますので、どうぞ」と冷蔵庫を開けてくれると、冷蔵庫の中が暗い！

　　　　一面オリオンビールの壁で内部の照明が遮られている。さらに補充も合わせて冷蔵庫の横に4ダースくらい積み上げられていました。だから、それからが大変！　皆さんならどうします？
　　　　お風呂に入るときも片手にオリオンビール、プールで泳ぐときも片手にオリオンビール。寝る前にもオリオンビール。一度はそういう体験もいいなーと思う人？
田中　確かに！　一度経験してみたいって思いますね。

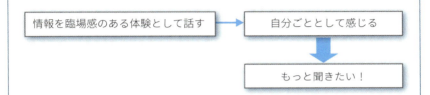

先輩　（……続き……）皆さん、考えてみてください。計算するとわかりますが、ビール代金って、5万円の宿泊料金に対してせいぜい2千円くらい。小さいコストでお客様の満足度をかなり高くできるのがわかります。もし、4万円の宿泊料金でビール代金が別だったら、印象に残ったと思いますか？
　　　では、もし、皆さんのサービスで、こういう視点で満足度が上げられるものがあったら知りたい、と思う人？
田中　いい話ですね。私は、せっかくのチャンスを、もったいないことしました！
先輩　どう？　次回はそういう感じで自分が話しているところを想像したらワクワクしない？
田中　楽しそうです。絶対、やってみます！
先輩　では、もう少し続きを聞きたい？
田中　もちろん！
先輩　そういうこと！　こういうふうに臨場感があると自分ごとに

なって、もっと聞きたいと思うんだよ。

田中　え？　今、気づきました。自然な流れで話をしているつもりが、いつものごとく、しっかりワークだったんですね。

先輩　では、本題に入ろうか。君のプレゼンのメインのテーマはどうだったの？

田中　限られた時間でエネルギー供給の要点を伝えたかったのですが、こちらもあまり反応がなかったのです。会場の皆さんは理解しているのか、関心がないのか、わからなくて困りました。

先輩　では、具体的にどういう説明をしたの？

田中　国内と世界のエネルギー供給量の変遷、エネルギーの内訳、人口や経済活動との相関を一覧にして提示しました。

先輩　君が期待した会場の反応は？

田中　私たちはそんなにエネルギーを使用しているんだ。エネルギー問題を真剣に考えなければ、という反応です。

先輩　では、リアルに考えてみよう。さきほどのデータを提示する、すると会場が「おおー、それは人類の危機だ！」となる場面が想像できるかな？

田中　……できないですね。

先輩　では、例えば、「1人が1か月に食べるお米の量はだいたい4〜5kgです。もし、私たちの生活のエネルギーをお米でまかなったら、1か月でだいたい1,000 kgを消費して、お値段は40万円になる、と伝えたら？

田中　えー！　大変なことです。そんな生活、とても続けられません！

先輩　臨場感がある「伝わる」とはそういうこと。専門的な話でもデータの羅列しかできないわけじゃない。聞く側は「我が身」の体験に結びついたときに感情が動くんだ。そうなれば、真剣に聞きたいと思う。いくら資料がまとまっていても、データの

85

羅列では人は動かないよ。

| データの報告も臨場感のある体験として話す | → | 自分ごととして感じる |

↓

| もっと聞きたい！ |

田中 えー、大変です！　私のプレゼン、根本から作り直しです。他にもまだまだ課題がありますよね？　いったい、どこから手を付けていいのかわかりません！

先輩 では、表題の決め方から具体的な説明内容まで、具体的に学んでいきますか？

田中 ぜひ!!

〈感情の設計❷　臨場感のある伝え方なら会場は「聞きたい！」になる〉

□ データの報告も臨場感のある体験として話せば、感情が動いて「自分ごと」と感じるため、もっと聞きたいと思う。

第3章 「感動」「笑い」の感情を設計する！

3 魅力ある表題と概要は「欲望」が創り出す

　プレゼンの始まりは「聞きに行こう」と思うこと。内容がいいプレゼンでも、「聞いてみたい！」と感じなければ、聞きに行こうとは思いません。

　多くのプレゼンは内容を要約した「表題」や「概要」をつけています。でも、それでは「聞いてみたい！」とはならないのです。

　魅力を感じるプレゼンは意外に単純な欲望に基づいています。思わず「聞いてみたい！」と魅力を感じる表現を身に付けることができれば、多くの人にプレゼンを聞いてもらえるのです。

〈レクチャー❸：「興味を引く欲望」から出発して未来へ導く〉

> 田中　そもそも「聞いてみたい！」っていう興味って、どこからくるんでしょう？　趣味とかの興味は気がついたらそうなっているものだし、興味はプレゼンでコントロールとかはできないですよね？
>
> 先輩　興味があるから「聞いてみたい！」ってなるんだ。でも、各自の興味はばらばらだよね。だから、プレゼンを聞いてもらいたいなら興味を「創り出す」必要がある。
>
> 田中　どうやって創り出すんですか？　例えば、珍しい話をするとか？
>
> 先輩　いや、内容はありきたりのものでいい。その話が聞いている人の「自分ごと」の「損得」や「楽しさ」「恐怖」として伝え

られれば興味を持ってもらえるよ。

田中　なるほど。例えば、「太陽光発電の普及の必要性」とかどうですか？　人類の未来のためですよ。ひいては人類の生存に関わる問題です。

先輩　なるほど。では、君が「人類のために寄付してください！」っておお願いされたら、「ぜひ！」って気持ちになるかい？

田中　ん？　ならないですね。だって、○○のために寄付してくださいって山ほどありますよ。それぞれ理由があると思いますけど、全部にYESって言っていたら、家から会社に着くまでに、毎日、お財布が空っぽになりますよ！

先輩　つまり、そう感じる程度。「まぁ、いいか」ってことだよ。

田中　では、まだ「自分ごと」じゃないんですね。例えば、自分の子どもにいい環境を残してやりたい、とかは「自分ごと」ですか？

先輩　悪くはない。でも、その強さは「明日、時間があるときに……」程度だよ。それほど強くはない。

田中　えっ！　子どものためですよ！　もっと強い「自分ごと」なんてありますか？

先輩　「太陽光発電をつければ毎月の電気代がタダになります」とかは？

田中　えっ、すぐ調べなきゃ！　あれっ、自分はなんて些末なことに動かされるんだ……情けない！

先輩　そんなものだよ。それが良いとか悪いとかではなくて、「理性で考えることより欲望が働くものが強い」ということだ。ダイエットだって、健康や長寿のためで自分の命に関わる出来事なのに「明日からでいいや」となってしまう。でも……欲望と言えば？

田中　異性にモテるとか。

先輩　そのとおり！　もっとも、あまり欲望を表面に打ち出し過ぎ

ると「まわりの目」を気にして聞きに来られない人もいるから、「人類の未来を救う太陽光発電の普及！ 電気料金がタダ。家計にも優しい太陽光！」みたいな表現が適切だろうね。

田中　理解しましたが、なんだかプレゼンが嫌になってきました。そんな低レベルの動機のためにプレゼンするなんて幻滅です！

先輩　そうだね。最初の取っかかりは些末なことなのかもしれない。でも、プレゼンを聞いた結果、太陽光発電に興味を持って、家計の損得だけでなくて、もっと大切なのは子どもたちの未来の環境を守るためだ！ となればいいんだ。些末な動機を些末な内容のまま終わらせるのか、もっと広い視野で、世のために行動する結果を導くのかはプレゼンテーター次第だよ。

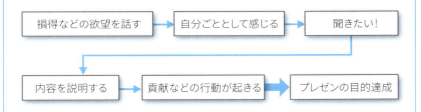

田中　うっ。……私はもう少しでお得な電気料金の話で終わってしまうところでした。

プレゼンテーターの腕次第で、興味を持ってもらい欲望を出発点にして皆さんの未来を創ることができるんですね。感動です。次、行きましょう！

〈感情の設計❸　表題と概要は会場の皆さんの「欲望」で創る〉
□　プレゼンを聞くきっかけは損得などの欲望が働くものでよく、プレゼンを聞いたことでもっと広い視野で世のために行動する結果にプレゼンテーターが導くことができる。

4 会場が聞きたい ガッカリ／ワクワクの物語

「興味がある表題、概要」が決まれば、次は「プレゼンの筋書」です。データに基づく客観的なプレゼンは単調なのが当たり前、工夫の余地はないと考えていたら、「伝わらない」プレゼンテーターで終わってしまいます。

ハラハラドキドキするプレゼンは「ガッカリ／ワクワク」で組み立てることができます。この方法を身に付けることができれば、最後まで会場が楽しめるプレゼンを組み立てることができます。

〈レクチャー❹：ガッカリ／ワクワクが連続するストーリー〉

田中　興味のある表題の表現について教えてもらいましたが、興味を引くのが表題だけだと最初の一瞬だけで終わってしまいませんか？ プレゼンの中身はどうするんですか？

先輩　プレゼンの流れに、あらかじめ「感情の動き」を計画しておくんだ。いわば感情の設計だね。

田中　感情は設計や理論と真逆のものでは？ 感情がコントロールできるとしたら衝撃的です！

先輩　感情の動きも設計できるから結果に再現性がある。感情の動きは理論的に展開できるから、エンジニアは習得しやすいと思うよ。

田中　では早速、感情設計の仕方を教えてください！

先輩　一言で言えば、10行程度で「その映画、見てみたい！」と思う筋書で説明すること。例えば、エネルギー供給を例にとる

と、エンジニアが考えるとだいたいこんな感じかな。

> 1. エネルギーの使用量が増えており、このままでは温暖化が進む
> 2. 温暖化が進むと気候の激変や海面上昇など、人類に大きな影響が出る可能性が高い
> 3. 自然エネルギーを使用して二酸化炭素を減らすべきだ
> 4. 私たち1人ひとりの取り組みが重要だ

　この説明の流れは、A＝B、B＝C、だからA＝Cという三段論法に基づいた理論的な展開だ。
　この映画、見たいと感じた？
田中　取り組みの意義はよくわかりますが、映画を見たいかと言えば、「ぜひ」というより「時間があれば」という感じ……。
先輩　では次のように変えてみよう。

> 1. エネルギーの使用量の増加とともに私たちの生活は豊かになってきた
> 2. しかし、異常気象の影響で、近い将来に経済が大きな打撃を受ける
> 3. でも、自然エネルギーを使えば、異常気象の一因である二酸化炭素は減らすことが可能
> 4. しかし、自然エネルギーからは必要な量のエネルギーは手に入らない
> 5. 私たち1人ひとりができる取り組みについて考える

　感じ方はどう変わったかな？
田中　前より聞いてみたいと感じました！ どういう仕掛けですか?!
先輩　最初の例は、エンジニアがよくやる組み立てだ。話の進み方

を結論に向けてひたすら理論を強化している。変化がなくて単調だ。一方、後者の例は、行が進むたびに論旨が反転して常に変化が起こっている。映画では、希望のゴールに近づいたと思ったら、それをガッカリ打ち砕く出来事が起こって、次に「ヤッター！ これで解決だ」というワクワクが現れる。ガッカリとワクワクの繰り返しでハラハラドキドキするから、最後まで興味を持って見られる。

「面白い」と思うのは筋書に反転が続くことにあるんだよ。感情が「えー！ 期待したのにガッカリだ」と「ヤッター！ これで解決だ！ ワクワクする！」になるよう組み立てるんだ。

田中　なるほど、冒険映画みたいですね。プレゼンの筋書は「ガッカリ／ワクワク」で組み立てます！

〈感情の設計❹　会場が聞きたいのはガッカリ／ワクワクの物語〉

☐ ハラハラドキドキすれば最後まで興味を持って聞ける。感情が「えー！ 期待したのにガッカリだ！」と「ヤッター！ これで解決だ！ ワクワクする！」の感情を繰り返す組み立てにすることで、興味を持って聞き続けることができる。

⑤ 筋書から台詞を設計する

　筋書ができたら、具体的なプレゼンの台詞を決めていく段階に進みます。

　筋書にあわせて適当な言葉をはめていく……なんてとんでもない！ 台詞はこれまでに説明したプレゼン方法を総動員して事前に準備します。目的、組み立てを考えて準備していれば、本番で変更があってもブレずに対処することができます。

〈レクチャー❺：目的、組み立てを終えてからスキルを総動員する〉

> 田中　筋書に沿って台詞を具体化するのですね。ドラマチックに話せばいいのですか？
> 先輩　プレゼンテーターが自己満足で話してもダメだよ。台詞の準備は「第2章」の総動員になる。
> 田中　なるほど！　私は第2章の内容で十分いいプレゼンになると思っていたのですが、ここでようやく第2章のプレゼン方法が登場ですか！
> 先輩　そのとおり。例えば、料理に例えればよくわかると思う。第2章で説明したのは、新鮮な食材、よく切れる包丁、少し加えればグンと味がよくなる調味料だよ。それらは美味しい料理を作るうえでとても役に立つものだ。でも、それだけでは本当に美味しい料理にはならない。何の料理を作るのかを決めて、美味しい料理のレシピを用意して、レシピに従って料理をして初めて、食材や包丁、調味料を活かした美味しい料理ができるん

だよ。

田中　そう言われると、今までの私のプレゼンは、食材をなんとなく切って、適当に調味料を加えていた感じですね。そして、美味しい料理を作るために、もっと新鮮な食材、もっとよく切れる包丁、もっと美味しくなる調味料を探していた感じです。

先輩　そういうのは直接見えるからね。効果としてわかりやすいし、初級者だとそれでも大きな効果がある。でも、いずれ、それは美味しい料理と言えるものではないことに気づくことになる。ところが、意外なほど「何の料理を作るのかを決めて、美味しい料理のレシピを用意する」というプロセスに気づかずに苦しむ人が多い。一度体験すれば「料理を作るのにレシピを準備するのは当たり前」ってわかるのだけどね。

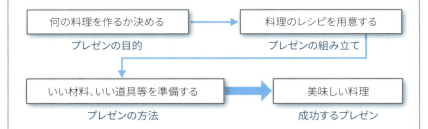

田中　そうですね。せっかくなので、例えば、さきほどの「じつは必要な量の自然エネルギーはない」の台詞を教えてください。

先輩　最初はバイオエネルギーを考えてみよう。

- 例えば、太陽からのエネルギーは無限にあるから、太陽を利用すれば、エネルギーはいくらでも作れるんじゃないか、と思う人？
- 無限って感じますよね。
- では、太陽からのエネルギーで作っている作物が無限に作られていると思う人？

- そう、無限に作られていないんです。現実には天候や耕作面積の限界や灌漑設備の整備などのさまざまな条件があって無限にはならない。
- ちなみに、今作られている作物をすべてエネルギーに変える、例えば、皆さんの食料をすべてエネルギーに使ったとしたら、何％くらいのエネルギーが賄えると思います？
- せいぜい2％なんです。
- だから、全部のエネルギーを賄うには現状の50倍必要です。
- 50倍の量を作ろうとすると、それ自体で環境を破壊してしまいます。それに、もし仮に生産が可能だとして、1か月の食料の50倍の金額を支払うとしたら？
- それに今は、石油などの安いエネルギーを使ってお米が作れていますが、人力だけだった江戸時代のお米は、逆に今の10倍以上高価だったという試算があります。
- さて、こういった状況で、工夫すればバイオエネルギーでエネルギー問題を解決できる、と思う人？
- そうですね。難しそうですよね。
- では自然エネルギーはダメなのでしょうか？
- 自然エネルギーはバイオだけじゃない。他にもあります。
- この中で太陽光発電を使っているよ、という人？
- 太陽光発電のエネルギーの変換効率は、植物の50倍もあります。
- でも……

こういう感じになる。

田中　台詞にする場合もガッカリ／ワクワクの流れがあるし、皆さんの「自分ごと」で臨場感を持って会場と会話ができている！　山下先輩はなぜ即座にできるんですか？

先輩　練習だよ。準備で考え抜いて台詞を準備していれば、本番で
　　　状況が変わっても「何が準備と違っているのかがわかる」から、
　　　即座にブレずに対処できるようになるよ。

〈感情の設計❺　筋書から台詞を設計する〉

□ 台詞は、プレゼンの目的を決めて、組み立てを行った後、これ
　まてに説明したプレゼン方法を総動員して事前に準備します。
　考え抜いて準備していれば、本番で変更があってもブレずに対
　処できます。

第3章 「感動」「笑い」の感情を設計する！

ヒット率100%のジョークを創る

　人は楽しいことなら自主的に取り組み、取り組みの程度も深くなります。逆に、「しなければならない」のように、「嫌」の状態だと、自主的に取り組まないし、取り組みも表面的になってしまいます。

　プレゼンは「楽しさ」が必須。楽しさには「ジョーク」が重要な役割を果たしますが、ジョークが滑れば逆効果になってプレゼンは台無しになってしまいます。

　ジョークは「設計できる」のです。ヒット率100％のジョークを身に付けることができれば、プレゼンを意のままに楽しくし、より深い学びを提供することができます。

〈レクチャー❻：100％ヒットするジョークの組み立て〉

> 田中　ジョークを言えるプレゼンテーターっていいですね。憧れます。私は面白いだろうって用意したジョークが滑ってしまって、会場の雰囲気が気まずくなることが多々……。でも、相手があることだし、ジョークが100％、いつもヒットするのは無理ですよね？
>
> 先輩　ジョークは100％ヒットするのが基本だよ。滑ると会場の雰囲気が気まずくなるから、逆効果になる。絶対にヒットする必要があるんだ。
>
> 田中　でも、そんなに面白いネタを考えつかないですよ！
>
> 先輩　笑ってもらうのに、それほど面白いネタは要らない。ほとんどのプレゼンテーターは会場の皆さんが「ジョークの内容が面

白いから笑う」と勘違いしているんだ。笑いは感情と同じで手順で設計できるんだよ。

田中　どういうことですか?!

先輩　人は、①自分が知っている話なら理解できる。②日本語は最後の言葉で意味が決まるから、最後に話の流れと逆の結論を持ってくるなどの「意外な落ち」を創れば笑いが起きる。この①と②をセットで行う必要があるんだ。でも、多くのプレゼンテーターは、②しかしない。

田中　②の「意外な落ち」だけだと、どこが問題ですか?

先輩　会場の皆さんが知らない話だと「意外な落ち」だということがわからないんだ。例えば、「私、そこそこプレゼンが上手なのでスティーブンス・ジョブズと言われています!」のジョークだと誰も笑わない。これは②だけの場合だ。

田中　ええ。可笑しさは感じませんね。

先輩　これに①の「会場の皆さんが知っている話」になるよう説明をつけるんだよ。例えば、「アップルのスティーブ・ジョブズって聞いたことある人?　彼はプレゼンが抜群に上手で、スティーブ・ジョブズみたいに上手というのは、プレゼンテーターには最高の誉め言葉なんですよ。私はそこそこプレゼンが上手なのでスティーブンス・ジョブズと言われています。スティーブ・ジョブズじゃないですよ。ほぼスティーブ・ジョブズ。

田中　ちょっとクスって感じました。

先輩　前振りでスティーブ・ジョブズがどんな意味を持つか「会場の皆さんが知っている状態」になったから、スティーブンス・ジョブズの落ちの意味がわかるんだよ。それに、知っている話が出てくるとうれしさを感じる、という効果も笑いやすい環境を創ってくれる。

田中　なるほど!　その組み立てなら、そこそこのネタでも笑いが取れますね。他にも具体的な方法があり

ますか？

先輩 もっと単純に、同じ話を3度繰り返して、3回目に落ち（1、2回目と違う結論）をつければ笑いが取れるよ。例えば、「こんなふうに100％ヒットするジョークは手順で創れるんです」という言葉を最初のジョークのあとで言う。次のジョークの後でも「こんなふうに100％ヒットするジョークは手順で創れるんです。わかりましたよね」と繰り返す。そして3つ目のジョークのあとで「今のジョークも？　何でしたか？」と振っておいて、「今のは……私の才能、かな？　違う？」と振れば、100％笑いが起こる。いずれにしても、②の落ちの前に「会場の皆さんが知っている話」を用意しておくのが鉄則だよ。

田中 なるほど！　わかってしまえば単純ですね、できそうな気がします。

先輩 そのとおり。原理はシンプル。練習さえすれば100％ヒットするジョークができるようになるよ！

〈感情の設計❻　ヒット率100％のジョークを創る〉

☐ 面白い話を考える必要はない。①相手が知っている話を創ってから、②日本語は最後の言葉で意味が決まるから、最後に話の流れと逆の結論を持ってくるなどの「意外な落ち」を創る。①と②をセットで行えば笑いが起こる。

7 語りが上手でなくても感動する話し方

　会場の皆さんに大きな影響を与えたい！　だからプレゼンで会場を感動させたい！　そう考えて「いい話」をしようとするプレゼンテーターはたくさんいます。しかし、「いい話」に注力するだけでは、会場を感動させるプレゼンはできません。

　「誰かのための思い」と「自分を守らない姿勢」を一貫して持ち続け、「感動」を創り出す能力を身に付けることができれば、皆さんにより多くの影響を与え、多くの変化を持って帰ってもらうことができます。

〈レクチャー❼：全く自分を守らない勇気から生まれる感動〉

> 田中　最初の山下先輩のプレゼンテーターの責任のお話、「何のために皆さんの前に立つのか」は、すごく感動しました。私もそういうふうに会場の皆さんを感動させるプレゼンができるようになりたい
> です！　でも、いい話をしても感動を呼ばないプレゼンもありますよね。感動を呼ぶプレゼンと感動を呼ばないプレゼンの違いはどこから生まれるのですか？
> 先輩　例えば、感動を与えて、自分が「すごい！」と言ってもらいたい、という気持ちがあると、人は感動しない。いくらすごい内容でも、自慢話で聞かされるのは嫌だろう？
> 田中　そうですね。でも、話の内容じゃないとすると、具体的にはどうすればいいのですか？
> 先輩　一言で言えば、誰かのための思いと自分を守らない姿勢が一

貫しているか、だよ。自分を守らない姿勢を徹底して持てるかは、会って30秒で仲間のように話せるラポールを創るときと同じだよ。

田中　山下先輩はよく子犬に例えていますね。

先輩　そう。子犬が君に近づいてきたとする。いつ君に蹴られるか心配してチラチラ横目で様子を伺いながら近寄ってくる子犬と、上を向いてお腹を見せて全く自分を守らない子犬と、君はどちらに心を許せる？

田中　上を向いてお腹を見せている子犬ですよ。

先輩　そうだね。自分を守るための行動すらしない。それがわかると相手も安心して心を開くことができる。会場の皆さんがプレゼンテーターに、そう感じることができるかどうか。君は上を向いてお腹を見せて全く自分を守らない姿勢を持てるかい？

田中　うーん、会場にいる自分をリアルに考えると、怖くてできないかも。

先輩　でも、その勇気が必要なのだよ。そして、包み隠さずに、誰かのための純粋な思いを伝えられるか、だ。

　例えば、どうやって本を出版できたか、の話をしてみよう。まず、いい話だけど感動しない場合だ。

　「子どもの頃から、いつか本を出版したいと考えていた私は、夢をあきらめず、53歳で星渉先生の出版企画に応募して216名のうちから2次選考の10名に残りました。その合宿で本の書き方を学び、最終のプレゼン選考で出版が決まったのです。困難でも夢はあきらめなければいつか叶うのです」

田中　確かに、いい話ですけど、感動を呼ぶかと言えば違いますね。

先輩　では、次はどうかな？

「子どもの頃から、いつか本を出版したいと考えていた私は、星渉先生の出版企画に応募して216名のうちから出版が決まったのです。でも、本当は自分の名前で本を出すのが怖くて、最終選考中も心の中は『落選して楽にさせて欲しい！』と考えていました。それでも応募したのは、子どもとの約束があったからです。彼の代わりに、預かった能力で世の中の役に立つことをやろう、そしてそれができたら、これは私にそうさせたお前がやったことなんだ、そう彼に伝えるんだ、と」

田中　うーん。簡単じゃないですね。……恰好が悪いことは言いたくないから……つい自分を守ろうとしてしまいます。

先輩　例えば、最初に話した「プレゼンターは何のために皆さんの前に立っているんだろう？」という思いにブレがなくなれば、自分を守らなくなる。原点は同じだよ。そうなれば、君の話が会場の皆さんの感動を呼ぶようになる。

田中　話すテクニックや内容じゃないんですね。

先輩　テクニックや内容で笑いや涙を誘うことはできる。でも、魂を揺さぶることはできない。それができるのは誰かのための純粋な思いを、自分を守らずにまっすぐに伝えたときだけだよ。

田中　プレゼンは大勢の前で注目される華やかなイメージがありましたけど、目指すものは、皆さんのために使命を果たす、みたいな……。自分に対する評価や名誉が目的じゃないのですね。

先輩　どの分野でもプロはそういうものじゃないかな。でも、自分より大切なもののために評価も名誉も手放したときに、評価も名誉もやってくる。その体験自体も感動だよ。

〈感情の設計❼　語りが上手でなくても感動する話し方〉

□ 語りがうまくなくても、自分を守らない姿勢で誰かのための思いを一貫させて伝えることができれば感動を呼ぶ。

《第3章のエッセンス》

　感情を設計できれば、プレゼンの成功は約束されている！

　判断や行動を司る根源が感情です。
　感動や笑いを会場の流れに任せるのはギャンブルです。
- 「ドキドキ」からプレゼンテーターとしての姿勢を理解する（自分の感情）
- 臨場感のある伝え方で会場の「聞きたい！」を創り出す
- 魅力ある表題と概要を「欲望」で創り出す
- 「次が聞きたい！ ガッカリ／ワクワクの物語！」で伝える
- プレゼンの台詞の設計
- ヒット率100％のジョークの創り方
- 感動する話し方

　これらの「感情を設計する方法」を身に付けられれば、プレゼンを望む方向にコントロールすることができるようになります。

田中　プレゼンの組み立ても、笑いや感動の感情を組み立てもわかったのだから、これで完全ですね！ あとは練習のみでしょうか？

先輩　そうだね。今の段階でも十分いいプレゼンができるよ。でも、まだ使えるものがある。しかも、かなり強力だ。

田中　えー？　まだありますか。いったい何ですか？

先輩　環境だよ。会場の配置や音楽などの環境を味方につけるんだ。今まで説明した方法の効果が底上げされる感じになる。

田中　底上げですか、心強いですね！

先輩　そう、成功がより確実になるよ。では、最後の解説、「環境を味方にする」に行きますか！

COLUMN
話し方エピソード③

● 笑顔で交わせる会話の楽しさに大感激！

　私は会話が苦痛で、就職の面接の場では面接官から不安な顔をされてしまいましたが、今では資格の口頭試験で試験官2名との和やかな対話が続き、1回で合格をいただけました。

　また、周囲から笑顔がサイコーと言われるようになりました！ 笑顔で交わせる会話の楽しさに感激しています！

（30代男性：エンジニア）

「何を返答すれば正解なのか」がわからなくて会話がフリーズしている人、身のまわりにいませんか？

　トラブルの原因は「自分の緊張が相手も緊張させる」こと。相手の反応は自分の状態が反射して現れます。そんなときは笑顔の練習。笑顔の練習を続ければ、ほどなくして本物の笑顔に変わり、問題が解決します。

　彼が「リラックスして」会話に臨めるようになって私もうれしいです。これからも活躍を期待しています！

第 **4** 章

「環境」も
あなたの味方に！

同じ内容のプレゼンならいつも同じ結果になるかといえば、同じ内容でも場所や音響などの環境の違いでその結果が違ってきます。

　例えば、人生を振り返る話などで、「皆さんはどう思われますか？」と質問したとき、電車の音がうるさく響く高架下の会場だったらどうでしょうか？

　逆に、シューベルトのピアノソナタが流れる静かな会議室だったら？

　環境を「味方に」する方法を身に付けることができれば、あなたのプレゼン力が底上げされて、実力が遺憾なく発揮できるようになります。

第4章 「環境」もあなたの味方に！

１ 開催案内から仲間になる

　会場で話し始めた時点からプレゼンが始まる。そう考えているプレゼンテーターはプレゼンの成功のチャンスをすでに逃しています。

　私たちは何度も接触を繰り返すだけで信頼や好意を感じます。プレゼンの開催案内を出したら、会場に皆さんが来場したら、会場の皆さんと接触することで、成功をより確実なものにできるのです。

　プレゼンが始まるまでに会場の皆さんと仲間になる方法を身に付けることができれば、プレゼン開始から最高の盛り上がりが手に入ります。

〈レクチャー❶：プレゼンが始まる前に仲間意識（ラポール）を創り出す〉

> 先輩　田中君、プレゼンの開催案内を出してからプレゼン当日まで何をしている？
> 田中　プレゼンの練習ですよ！　それ以外にできることってないですよね？
> 先輩　例えば、もし会場に着いたときに「プレゼン、いよいよですね。楽しみです！」って、皆さんが言ってくれたら？いいスタートができると思わない？
> 田中　もちろんです！　でも、ほとんどが初めて会う人ですよ。会場に着いた早々、そういう関係にはなれないですよ。
> 先輩　プレゼンの開催案内を出したのだから、もうつながりはできている。工夫の余地はあるよ。
> 田中　えっ？　スタートは「会場で話し始めた時点」だと思っていました。

107

先輩　相手に対して仲間意識を感じるラポールは、「同じですね」を口に出すほか、「接触回数」でも創り出すことができる。例えば、初めて会った店員さんより、何度も話したことがある店員さんのほうから話を聞きたいと思うだろう？

田中　確かに！　でも、プレゼンの場合、会うのは当日だけですよ？

先輩　例えば、メールで「……1週間後になりましたね。お会いできるのが楽しみです！」といった連絡をとるんだ。1週間前、3日前、前日。そうすればどう感じる？

田中　初めて会った感じがしないと思います。

先輩　そういうこと！

田中　なるほど。他にできることはありませんか？

先輩　当日だって、できるだけ早く会っておくほうがいい。

田中　早めに壇上にいるのですか？

先輩　それも悪くないけど他の方法もある。例えば、私がしているのは、建物の入口で会場の案内のカードを持って、「会場はこちらです！」と案内しているとか、受付をしているとか。

田中　ははは、道案内の人が壇上に現れたら驚きませんか？

先輩　驚くよ。「えっ、なんで道案内の人が壇上にいるの？」とか。そのときに「道案内の人がプレゼンをするんじゃなくて、プレゼンをする人が道案内していただけです」って説明するの。これって面白くない？

田中　ははは。確かに親しみを感じますね！　他にも方法がありますか？

先輩　会場に早く行って、早く来場された人に「どちらから？」「ど

ういった動機で？」とかをお尋ねして会話しているよ。そうやって会話した人はプレゼン開始から積極的に質問をしてくれたり、ワークに参加してくれたりして、プレゼンの盛り上げを助けてくれることが多い。

田中 確かに。山下先輩は、開始前にいつも皆さんと話をされていますよね。理由がわかりました！

〈環境を味方に❶ 開催案内で仲間になる〉

☐ プレゼンの開催案内の時点から、お知らせなどで接触回数を増やす。

☐ 当日もできるだけ早く会場の皆さんと接触して仲間になることで、開始から盛り上がるプレゼンが可能になる。

2 会場のイスの配置も味方につける

　会場の机やイスの配置、用意された会場のままで使用していませんか？　偶然に用意された環境でプレゼンを行うと結果も偶然に影響されてしまいます。イスの配置、室温……プレゼンの味方につけることができるものはたくさんあります。

　会場の環境を「味方に」する方法を身に付けることができれば、あなたのプレゼンがより魅力的に伝わるようになります。

〈レクチャー❷：イスの配置、室温……環境を味方につける〉

先輩　プレゼンの会場の準備で注意していることはある？
田中　山下先輩のプレゼンはいつも机がないので、私も机を置かないようにしています。
先輩　そうだね。机があると会場の皆さんとの間に距離ができるから、ないほうがいいね。イスの配置は？
田中　小学校とかの教室から単純に机を取り去った感じですね。
先輩　なぜ？
田中　いえ、特に理由があるわけではないのですが……
先輩　いろいろな配置があっていいと思う。ただし、そこに理由がいる。理由があれば、計画と結果の差を把握して、次回に結果を反映したり、改善することができる。自分なりの視点でいいから理由を持つことが大切だ。例えば、列の間を歩けるようにしておけば、前列の人だけじゃなくて、後ろの人にも近づいて

話しかけられる。これだと対話形式で進めやすくなるよね。
田中　なるほど！
先輩　後ろまで歩いていくとなると、マイクは自由に移動できるワイヤレスがいい。さらに、両手を使えるようにハンドフリーマイクがあればベストだ。
田中　なるほど。リアルに実現したいプレゼンの様子を想定するとそうなりますね。ところで、イスの配置は、円形とかはどうですか？
先輩　それもなぜそうするか、だよ。配置は「手段」だから、君がどういうプレゼンの進め方をしたいのか、に合わせればいい。
　　　プレゼンのスキル全般に言えることだけど、魔法のテンプレートがあって、それに従いさえすればすべてうまくいく、というものじゃない。会場からの質問や理解の速度とか、さまざまな影響に対して常に調整が必要だ。
　　　自分がどういう結果を与えたいのか、そのためにどういうふうに進めるのか。そういう理由があればこそ、判断の根拠が明確になって、スキルが便利なツールとして活躍するんだ。つい、手段に目が行ってしまいがちだけど、目的に沿った判断で手段を選ぶということが大切だ。

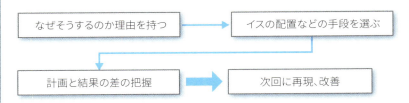

田中　そうですね！　つい、どうしたらいいのか、手段のほうに目が行ってしまいます。それよりも、何のためにどう考えるのか、その理由や根拠を自分でしっかり持つことなんですね。
先輩　そうだ。では、例えば、室内の温度はどうしている？
田中　温度は暑すぎず、寒すぎず、適温がいいんじゃないんですか？

先輩 それだと眠るのに最適だな。集中する視点からは、温度は少し低めがいい。

田中 なるほど、これも目的があって「温度は低め」なのですね。他には？

先輩 集中を邪魔するものはできるだけ減らす。例えば、出入口は人の出入りが目につかないようにできるだけ後方にする、時計は時間が気になると集中できないから皆さんから見えないところに置く、窓は景色が見えないようにカーテンを閉める、とか。

田中 確かに、プレゼン中に前方で人が出入りすると、どうしてもそちらに目が行きますよね。窓のカーテンを閉める理由は？

先輩 考えることに集中すると、天井を見たり、目をつぶる人っているよね。あれは視覚情報を遮ることで考えに集中しているんだ。視覚の情報は文字や言語に比べて圧倒的に量が多い。だから、プレゼンの内容以外に視覚、聴覚を刺激するものはないほうがいい。

田中 なるほど。自分が受講側にいるときは時計や窓にもそういう工夫がされていることに気づきませんでした。ずいぶんできることがありますね。

先輩 極端な話、電車の行き来が窓から見えて、音や振動が気になるような会議室だとプレゼンに集中できないよね。そういうふうにマイナスな環境もあれば、より学びが進むプラスの環境も準備できるということ。どちらでも選べるなら、プラスの環境で進めたいよね。

田中 1人対1人の話し方で「笑顔や姿勢」などの見た目の効果を話されていましたけど、プレゼンでも関係しますか？

先輩 もちろんだ。笑顔や姿勢は絶対に必要だ※。それと、1人対1人と違って、会場の皆さんはプレゼンテーターに自分を重ねることがよくある。田中君はどんなプレゼンテーターに魅力を感じる？

112

> ※車のCMにも美男美女：話し方の教科書　2章7
>
> 　現実の世界には美男美女の評価が高くなる「美貌格差」が存在します。美男美女でなくても、1 笑顔、2 姿勢、3 会話の際の大きな頷き、4 相手の目をしっかり見る視線、で見た目の印象を大きく改善することが可能です。鏡に向かって「ミラクルショット」を見つけて、いつでも再現できるように練習しましょう！

田中　確信を持っている、エネルギーに溢れている、とかですね。自分の憧れの姿だと思います。

先輩　だとすると、例えば、社内でスーツでプレゼンするときはネクタイは青と赤ならどちらになる？

田中　赤ですね。なるほど、1人対1人では、赤は攻撃色だからネクタイは青がベターでしたけど、プレゼンだと赤になるんですね。「会場の皆さんはプレゼンターに自分を重ねている」を意識します！

〈環境を味方に❷　会場のイスの配置も味方につける〉

☐ 話しかけやすさや集中のしやすさなど、自分なりの理由を持って、目的に沿った「手段」としてのイスの配置、室温、窓から見える景色の扱いなどを考える。

3 ワークの「やる気」は音楽で創る

　スーパーや病院など暮らしを取り巻く多くの場所で音楽が流れています。音楽次第で暗い雰囲気、落ち着いた雰囲気、楽しい雰囲気など、その場で感じる感情が大きく変わります。

　「なんとなく」で選んだ音楽がプレゼンの邪魔をすると、いいプレゼンの内容でも最高の状態で伝わらなくなってしまいます。

　音楽を味方につける方法を身に付けることができれば、常に伝わりやすいプレゼンに変えることができるのです。

〈レクチャー❸：音楽でワークのやる気を創り出す〉

>　**先輩**　田中君はプレゼンに音楽は使っているかな？
>　**田中**　使っていません。技術的な内容が多いですから、別段華やかにする必要もありませんし…。技術的なプレゼンでも音楽はあったほうがいいのでしょうか？
>　**先輩**　音楽をかけるのは目的があるんだ。まず、環境創りだ。例えば、病院でホラー映画の音楽とか使ったらどうなる？
>　**田中**　絶対だめです。患者さんが不安になってしまいます。クラシックとかが無難では？　実際によく使われているようです。
>　**先輩**　クラシック音楽だと落ち着くよね。病院はそれでいいと思う。では、プレゼンのときは？
>　**田中**　会場の参加者と活発に会話したいのならクラシックは合っていませんね。
>　**先輩**　そうだね。活発な会話なら元気が出る曲がいいかな。

第4章 「環境」もあなたの味方に！

田中　だったら「どんなときも（槙原敬之、1991年）」とかどうですか？

先輩　いい曲だ。でも、日本語の歌詞のものは避けたほうがいい。理由は会場をリアルに想像すればわかるよ。

田中　ん？　頭の中で歌詞が止まりません。これはまずいですね。プレゼンに集中できません。

先輩　歌詞の意味がわかると、どうしてもそちらに注意が分散されるからね。歌詞はわからないほうがいい。

田中　では外国語の曲にします！

先輩　それでいい。それと、音楽にはもうひとつ、大きな役割がある。アンカーだ。

田中　アンカー？

先輩　工学だと設備を固定するボルトをアンカーボルトと呼ぶよね。それと同様に「状態を固定する」ものだ。例えば、思い出の曲とかあるだろう。その曲を聞くと、当時、見たり聞いたりしたことが、リアルによみがえってくる。

田中　確かに、落ち込んだときに聞くと元気が出る音楽とか、仕事がはかどる音楽とかありますね。

先輩　それと同じで、プレゼンでも音楽をアンカーにして「会場の状態」を意図的に創り出すんだよ。

田中　具体的にどういった手順ですか？

先輩　例えば、ワークの際に決まった音楽をかける。すると、その音楽がかかると「よし、ワークだ！」という気持ちを起こすことができるんだ。

田中　なるほど！　そういえば、山下先輩のプレゼンはいつもワークで同じ音楽がかかっていますよね。アンカーを知らなければ、ワークごとに音楽を変えていたかもしれません。音楽は雰囲気創りだけじゃないんですね。

先輩　単に音楽をかけているなんてもったいないよね。他にも、オープニング前の曲を決めておけば、この曲と言えば田中君のプレゼンを思い出す、とかもできるよね。

田中　確かに！　夕方のあのTVのCM音楽を聴くと、山下先輩のプレゼンが頭の中に出てきます！

先輩　それがアンカーだよ。

〈環境を味方に❸　ワークの「やる気」は音楽で起動する〉

□　ワークの際に決まった音楽をかけることで、その音楽がかかると「よし、ワークだ！」という気持ちを起こすことができる（音楽によるアンカー）。

第4章 「環境」もあなたの味方に！

 ## 成功する練習はリアルに！

「事前に練習したのに……肝心の本番でうまくいかない」という経験がありませんか？ 失敗の原因の多くのは、プレゼンテーターの練習方法が間違っているからです。

間違った練習をいくらしてもプレゼンを成功に導くことはできません。「ここはこの方法で大丈夫なはず」と考えるだけで、本番と同じリアルな状態で練習していなければ、練習にならないのです。

正しい練習方法を身に付けることができれば、練習すれば、それだけしっかり成果が上がるようになるのです。

〈レクチャー❹：「100％成功できる」リアルな練習〉

> 田中　練習してもなかなかうまくいかないんですよ。練習だとうまく反応が返ってくるはずなのに、本番だと期待した反応がなくて、頭が真っ白になったりします。
> 先輩　なるほど。だとしたら、リアルに練習ができてないからかな。
> 田中　でも、1日中、10回くらい一生懸命練習しているんですよ。
> 先輩　「努力しているから」が、本番がうまくいく根拠になるのかな？
> 田中　そうではないと思いますが、実際にそれしかできないし。できることを精一杯やるしかないですよね。
> 先輩　それを理由に会場の皆さんが「よし、彼は努力したのだから、期待した反応をしてあげよう！」となるかな？　それとも君の

117

自己満足？

田中　……自己満足、ですね。でも、何ができたら練習できていることになるのですか？

先輩　例えば、プレゼン最初の「今日、都内から来た人？」はどうやって練習している？

田中　ここで「今日、都内から来た人？」を尋ねて、次に「都外から来た人」と尋ねて……と内容と手順を、原稿を作成して、読みながら確認しています。

先輩　その練習の状態をそのまま本番に再現できる？

田中　そのままか、と言えばそのままにはならないですよ。本番は実際に人がいるから、原稿を読むのではなくて、会場の皆さんに向かって声を出してお尋ねします。でも、内容はそのままですよ。

先輩　それだと練習になっていないんだ。「手順を覚えようとしているだけ」なんだ。「本番と全く同じにリアルに再現」しないと修正点がわからないんだよ。

田中　どうすればリアルな再現になっていることがわかりますか？

先輩　君は練習のときに会場のお客さんが目の前に「見えている」かい？　自分はどんなふうに話しかけていて、会場は自分の問いかけにどんな表情、体の動き、声で反応しているか、見えているかい？

田中　見えていません。実際の話しかけ方とかは、本番で気合いを入れてやればいいことだと思っていたので、そこまではしていません……。山下先輩は、実際はそこにいない皆さんが、「見える」のですか？

先輩　見える。本番と同レベルでリアルに表情、動作、問いかけまで行えば見えてくるよ。

田中　会場の皆さんの反応までわかるのですか？

先輩　わかる。練習してみて「ここは反応がないな」「反応が薄いな」

第4章 「環境」もあなたの味方に！

と感じて、練習中に修正することがよくあるよ。

田中　自分の姿勢や動作も本番のとおりですか？

先輩　もちろん。姿勢、目線、手の動き、会場内を自分がどう動いているかもだ。

```
┌─────────────────────────┐      ┌─────────────────────────┐
│ 本番をリアルに再現して練習する │ ───→ │ 会場の反応などを想定して修正する │
└─────────────────────────┘      └─────────────────────────┘
  ※会場の皆さんが「見える」か？                    │
                                                ↓
                              ┌─────────────────────────┐
                              │ 練習の分だけ本番の成功率が上がる │
                              └─────────────────────────┘
```

田中　山下先輩はどこで練習しているんですか？　頻繁に会場を練習に使うのは無理ですよね。

先輩　自宅の自分の部屋が多いよ。部屋の中に全身を映す鏡が置いてあって、自分の姿勢や動きを見ることができる。そうすると修正がリアルタイムで的確にできるんだ。自分の姿が見えないと「できているつもり」になりやすい。鏡がないのならスマホで動画撮影するのも有効だ。

田中　なるほど。そこまでできれば本番はうまくいきますよね！　でも、1回の練習にすごく時間がかかりませんか？

先輩　最初は修正をして、確認して……、だから1時間のプレゼンでも練習に3、4時間かかるよ。

田中　それだと回数を多くするのは無理ですね。回数より質ですか？

先輩　当然。本番がうまくいかないのなら何回練習しても、練習の意味がないでしょ?!　何のための練習なの？

田中　うっ、そうですね。そう考えると、私の練習は、練習のための練習というか……、自分を安心させるために、あまり意味のない練習をしていました……。

先輩　練習で、リアルを省略して飛ばしたところは練習できていないのだから、本番のリスクになる。その状態で何回練習しても

119

本番はうまくいかないよ。100%うまくいかせたいのなら、練習で100%再現することだ。練習方法に魔法はない。1回、2回でもいいから、手を抜かずにリアルに再現して練習することが大切だ。

田中　回数を多くするよりも、ていねいにリアルな練習ですね。しっかり行います！

〈環境を味方に❹　成功できる練習の仕方〉

□ 会場の皆さんが見えるくらい、問いかけ、表情、体の動きなどを、本番どおりリアルに再現して練習する。

第4章 「環境」もあなたの味方に！

 判断に迷ったら楽しさで選ぶ

　プレゼンの最中に、準備した内容と違う事態が発生したら？

　判断の基準を持っていないと、プレゼンを行っている最中に「こちらの選択でよかったのか？」というブレが起こり、成功するはずのプレゼンも成功しなくなってしまいます。

　プレゼンを成功させる判断基準は「正しさ」以外にもあるのです。

　準備した内容と違う事態が発生した場合の判断基準を身に付けることができれば、不測の事態にもブレることなくプレゼンを成功に導くことができます。

〈レクチャー❺：迷ったときは「楽しそう」なほうを選ぶ?!〉

> 田中　準備したこと以外の事態が発生して、そのときは、自分は少しでも成功率の高い案を選んだつもりなのですが……でも、プレゼンの最中に失敗したらどうしようという気持ちもあって、自信を持って話せなくて、会場の反応もあまりない状態で終わってしまいました。こういうときはどうしたらいいでしょう？　想定外の事態をなくすことはできませんか？
>
>
>
> 先輩　想定外の事態をなくすことはできないが、重要なのは想定外のことが発生したときの判断の仕方だ。視点は2つある。1つは、以前に述べたように、自分の立場を考えるのではなくて、会場の皆さんにとってベストのものを提供する、という判断をすればいい。それがプレゼンテーターの役目だ。もう1つは、

121

これは僕の価値観によるのだけど、「楽しいほうを選ぶ」ことだよ。

田中　正解を考える、ではなくて「楽しいほうを選ぶ」ですか？

先輩　何が正しいか、なんて未来のことは神様しかわからないよ。それに、正解は1つじゃない。プレゼンの目的を果たせればいいんだ。2つの案を考えて2つともが正解ということもよくある。プレゼン進行中にブレないように、自分が納得のいく選択をすることが大切なんだ。

田中　「2つともが正解」といいますと？

先輩　例えば「皆さん、A案で進めたいと思いますが、いかがですか？」と会場に尋ねて、「Yes」だったとする。一方、「皆さん、B案で進めたいと思いますが、いかがですか？」と会場に尋ねて、「No」だったので、「では、A案でいかがでしょう？」と尋ねてA案で進めることになった、とかだよ。会場の合意がとれるまでの時間（効率）は違うけど、目的（合意）は果たせたのだから、どちらの案でも正解だったわけだ。

田中　目的（合意）は果たせたのだからOKということですね。

先輩　そうだ。ただし、さきほどの例はプレゼンテーターが「会場と合意がとれることが目的」と考える場合だ。「最短で合意をとることが目的」と考えるなら、B案の提案は失敗だということになる。「自分の目指すものが何か」をきちんと意識していることが大切なんだ。

田中　私は「会場と合意が取れることが目的」でいいと思いますが、各自の考え次第ということですね。では、「楽しいほうを選ぶ」根拠は何ですか？

先輩　楽しいと「深く、長く続けられる」からだよ。ダイエットや勉強で「やらなきゃならない」という思いがあると、理屈として正しくても、上辺だけの取り組みになりがちだし、長く続かないから目的を達成できない。でも、趣味みたいに楽しいと、

困難でも深く極める領域まで取り組めるし、ゴールに到達できるまで長く続けることができる。だから、悩んだら「楽しいほうを選ぶ」というのもありだよ。

田中　先輩は、どうしようかって悩んだこととかありますか？
先輩　あるよ。例えば、会場の意思伝達をフランクにしたかったから、代表の方（男性）に天使の羽と頭の上の輪をつけてもらって、願いを叶えるステッキを持ってもらったらいいんじゃないかと考えたんだ。でも、もし会場が引いてしまったら悲惨だよね。
田中　リスクありますね。よく決断できましたね。
先輩　それが彼らにとってベストな案だと思ったから。それと、楽しそうだから。
田中　もし、失敗したら？
先輩　相手（天使役）の立場を考えると絶対失敗できない。だから、これまで君に話したプレゼン方法を総動員したよ。結果は予想以上だった。
田中　仮に、ですよ、それでも、失敗したとしたら？
先輩　そのときは、代表の方は勇気と実行力があることを強調して、失敗は私だけの責任になるように思いっきり失敗することかな。悲惨なくらい失敗したら、将来のプレゼンのネタに使えるじゃない?!
田中　んー、転んでもタダじゃ起きませんね！
先輩　うまくいってもいかなくても、思いっきりやれば将来のネタになる。そう考えたら楽しくない？
田中　確かに！

〈環境を味方に❺　判断に迷ったら楽しさで選ぶ〉

□　判断に迷ったら、①会場の皆さんにとってベストのものを選ぶ、
　②成功しても失敗しても、例えば「楽しいほうを選ぶ」ことで、
　困難でも深く極める領域まで取り組めて、かつ、ゴールに到達
　できるまで長く続けることができる。

第 4 章 「環境」もあなたの味方に！

 会場の皆さんの行動を変える

　プレゼンがうまくいった。会場の反応もよかった。でも、そこで満足してしまうと、プレゼンテーターの自己満足で終わってしまいます。会場の皆さんの行動が変化しないのでは、プレゼンを行った意味がありません。

　会場の皆さんの行動を変える方法を身に付けることができれば、プレゼンの数だけ会場の皆さんの未来をよりよくできるプレゼンテーターになれます。

〈レクチャー❻：会場の皆さんの行動を変えるワーク（シェア）〉

> 田中　お陰さまで、この前のプレゼンは会場の反応がよかったんですよ。これからは、よりよいプレゼンができるようになるために、場数を踏んで練習していけばいいんでしょうか？ 何か注意点はありますか？
> 先輩　会場の反応がいいのは何よりだ。ところで、プレゼンの目的は何だったの？
> 田中　エネルギー問題解決に向けて各自が取り組みを始める、でした。
> 先輩　では、プレゼンで皆さんの行動はどう変わったの？
> 田中　ワークもあったので情報は頭に入ったと思いますけど……実際に取り組みを始めたかどうかわかりません。……んー、目的が達成されていませんね。
> 先輩　会場の反応がよかったのは大きな前進だ。しかし、そこが終

着点じゃないよね。

田中　うまくいったので自己満足で終わっていました。でも、皆さんの行動を変えるには、どうすればいいんでしょうか？

先輩　例えば、最後のワークで「1つ行うことを決める。それを皆でシェアする」とか。

田中　何をするかは各自で決めれば同じじゃないですか？　どうしてシェアするほうがいいのですか？

先輩　シェアには自分のノートに書いて終わりにするより、いくつかメリットがある。①自分が実践することを宣言することで行動に移しやすくなる、②他の人の視点や考え方を知ることが勉強になる、③口に出して「自分の意見を自分の耳で聞く」ことで自分の考えを知る、かな。

田中　①、②はよくわかるのですが、③の口に出して「自分の意見を自分の耳で聞く」ことで自分の考えを知る、は意外でした！

先輩　そんなものだよ。自分が言っていることを自分で聞いて気づく、ということは意外に多い。カウンセリングでもよく使われるよ。それに、せっかくシェアできる環境があるのだから、4、5人のグループでシェアしてもらえばいい。その中から1名、全体にシェアしてもらうのもありだ。

田中　これはプレゼンの最後に行う参加の充実感を抱いてもらうシェアと一緒にできますね。

先輩　そう、感じたこと、1つ実行することをそのままシェアしてもらうのがいいね。

田中　決めたことを確実に実行してもらうために、フォローする方

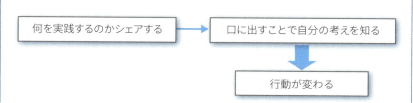

第4章 「環境」もあなたの味方に！

法はありますか？

先輩 SNSでグループを作って結果を報告してもらう、メール等で結果を送ってもらえれば、フィードバックしてあげる方法もある。でも、あまり期待はできない。もし、できるのなら、後日、プレゼンテーターから皆さんに連絡して「実践の結果はどうでしたか？」とお尋ねするといい。

田中 プレゼンテーターから連絡ですか。ずいぶん手間がかかりそうです。プレゼンそのもの以外もけっこう大変ですね。

先輩 プレゼンの目的によるよ。情報を渡すのが目的ならフォローはそれほど要らないから簡単だけど、渡した情報を活用して、実際に行動するところまでが目的だと、やるべきことはたくさんあるよね。

田中 これもプレゼンテーターの責任のうちですね。自己満足から卒業します！

〈環境を味方に❻　会場の皆さんの行動を変える〉

□ プレゼンの最後に行う参加の充実感を抱いてもらうシェアタイムで、感じたことと、1つ実行することをシェアしてもらう。

□ 後日、プレゼンテーターから皆さんの実践の結果を尋ねることで、より確実に行動を変えることができる。

7 確実に成果の出る長期フォロー

　プレゼンの時間内で最高の学びができたとしても、それでは十分ではありません。

　例えば、どんなに優れたコーチの指導であっても、初めて習ったテニスやピアノが3時間ほどの練習で「実戦で通用するレベル」には上達しないのと同じです。

　継続的な練習とフォローがあればこそ、実践で通用するレベルに到達することができます。

〈レクチャー**7**：いいコーチのいるチームで練習する〉

田中　プレゼンの最後に「これから行うこと1つ」を決めてもらって、変化が始まる状態になったことはわかるのですが……それで十分でしょうか？

先輩　初めてテニスを習った人が、3時間の練習で何ができるようになるか、と同じ問いだよ。「球の打ち方はわかった。でも、試合に出られるレベルまでにはなっていない」よね。

田中　確かに。継続的に練習してもらうことが大切ですね。

先輩　そうだね。でも、自分1人で長期間継続するのは大変だ。だから、例えば、仲間を見つけることは、継続する環境としていい方法だ。

田中　最近はSNSとかで簡単に情報共有のグループが作れますね。

先輩　便利になったよね。でも、条件がもう1つある。上手なプレーを知らない者同士が集まって練習を続けても……

128

田中　上達しない？

先輩　そう。テニスを知らない者が集まって、お互いに教えあっても成果は出ない。テニスができるようになるには、グループの中にテニスが上手で、教えるのが上手な先生（コーチ）が必要だ。新しく何かを学ぶときは皆同じだよ。

田中　では、先生を連れてくるようにします！

先輩　それは甘く見てはいけない。まず、自分が上手でも教えるのがうまくない人が多い。自分が上手で教えるのもうまい人は稀だ。例えば、学生時代に成績のよかった親が子どもに勉強を教えるのが上手か、と言えばわかるだろう？

田中　「どうしてこれくらいわからないんだ」とか、自分ができていることを当たり前だ、と思っている親だと子どもは大変ですよね。

先輩　それと同じだ。企業だと優れた経営者が社員を育てられない、というのも普通に起こる。

田中　では、指導力に注意して、指導者を選んで指導をお願いするよう気をつけます！

先輩　そうだね。でも、さらに問題がある。いつでも誰でも呼べるとは限らないんだ。テニスを学びたい。松岡修造さんならバッチリだ。じゃあ、コーチを頼みましょう、って言っても希望どおりになる可能性はほとんどない。よほどご縁があってタイミングが合わないと実現しない。もしかすると、このチャンスに巡り合うのがいちばん難しいかもしれない。

田中　なるほど。そういうチャンスを活かすのが大切ですね。ところで、練習が始まったら、継続的な練習というのは何時間くらいですか？

先輩　マルコム・グラッドウェルの著作『天才！ 成功する人々の法則』（講談社、2009年）に「達人は1万時間でつくられる」

という説がある。これだと1日8時間で3年だ。でも、自分で練習が可能なレベルまでなら1万時間の1／100、100時間、1日1時間で3か月くらいが目安じゃないかな。

田中　1万時間の1／100で大丈夫ですか。でも、1回のプレゼンに比べるとかなり大がかりですね。皆さん忙しいから、必要だとわかっていてもなかなか実行に移せないんじゃないでしょうか？　継続練習をやりましょうって伝えるときの工夫とかはありますか？

先輩　そうだね。プレゼンテーターは、①到達できる未来の姿を示す、②結果を約束する、ことが重要だ。ただし、①到達できる未来の姿は、人によって異なる。例えば、プレゼンができる能力を手に入れて、自分が輝きたい人もいれば、会社の製品を売りたい人、世の役に立ちたい人もいる。

　「プレゼン能力」という手に入れるもの（手段）は同じでも、未来に実現したい姿は違っている。人は、本当は手段が欲しいんじゃなくて、自分がなりたい姿を実現したいんだ。だから、星渉先生が言うように「その人の望む未来の姿」をお伝えすることだ。例えば、「高いプレゼン能力が身に付きますよ」、よりも「一瞬で会場を感動させることができるプレゼンテーターになれますよ」のほうが魅力を感じる人が多いだろう。

田中　なるほど。つい、何ができるようになるのか、という「仕様」を話してしまいますね。

先輩　能力に限らず、製品でもそうだよね。日本は家電製品も「仕様」で語るから世界で苦戦する傾向にある。その製品がもたら

第4章 「環境」もあなたの味方に！

す幸せや楽しさを語ればいいんだ。6時間の長時間バッテリーを謳うより、「終日のお出かけでも子どもの笑顔の瞬間を逃しません」のほうがいい。

田中　なるほど。2つ目は？

先輩　次は、②結果を約束する、が私は大切だと考えている。例えば、100人のうち99人に効果がある特効薬があったとしても、「自分に効果がなければ意味がない」よね。自分の望みが必ず叶えられるのは、行動を起こそうという決心に報いる大切な事項だと思う。

田中　でも、結果を確約するのって、ものすごく大変じゃないですか？

先輩　それはそうだ。しかし、楽な方法を採用して目的が達成されないんじゃ、お互い取り組む意味がないよね。

田中　確かに……。結局、新しいことを学ぶ際に近道はないのでしょうか。

先輩　近道はない。でも、頑張れば絶対に自分が欲しい未来の姿になれる、ってわかっていれば、たくさんの努力だってできるんじゃないかな。

田中　そうですね。3か月後になりたい姿になっているのなら、決心できるかな。

〈環境を味方に❼　確実に成果の出る長期フォロー〉

□ 実践で使えるレベルまで習得するには、仲間と一緒に、すでにうまくできていて指導力のある指導者のもと、継続的に100時間学ぶ。

《第4章のエッセンス》
環境でプレゼンの結果が影響を受ける！

環境を味方にしてあなたのプレゼン力を底上げする！

　プレゼン力はバッチリ！ でも、まだできることがあります。会場のイスや窓、プレゼンに関係するあらゆる環境を味方につけることができるのです。
- 開催案内の時点から仲間になる
- 会場のイスの配置
- 音楽でやる気を創る
- 成功できる練習方法
- 迷ったときの判断
- 会場の行動を変える
- 長期のフォロー

　これらの「環境を味方につける方法」が身に付けば、プレゼンの始まりの瞬間からあなたの実力を遺憾なく発揮できます。

田中　どうして自分のプレゼンはうまくいかないんだ！ と感じていましたけど……今ではうまくいかなくて当然だったと感じます。テクニックが未熟なのも原因ですが、「考え方」や「組み立て」が全然できていませんでした。

　　　料理の例で、私は何の料理を作るのかも決めずに、材料を加工して味付けしていたことに気づいたのは衝撃でした。そんな状態なのに、新鮮な材料、よく切れる包丁、もっと美味しくな

第4章 「環境」もあなたの味方に！

る調味料を追い求めていたなんて、これでいくら努力しても永
久に美味しい料理は作れないところでした。

先輩　そうだね。でも、今は、何の料理を作るかを決めて、料理の
レシピを準備できるのだから、練習さえすれば格段に美味しい
料理ができるよ。あとは練習と実践だ。

田中　わかりました！　実践します。頑張ります！

COLUMN
話し方エピソード④

● 「感情のある」毎日を楽しんでいます！

　これまで「怒りの感情を抑える」「楽しさの感情も抑える」感情のない生活に何の疑問も感じていなかったことに驚きました。今では人に話しかけるとき、かけられるとき、自然に笑顔になっています。また、まわりの人のために何かしてあげたいと思うようになり、娘の幼稚園の役員に自ら立候補したり（役員で唯一のパパです！）、レストランではウェイトレスさんに「すっごく美味しかったです！」と声をかけて笑顔にしたり、と本当に楽しい毎日です。

（40代男性：エンジニア）

　つまらなさそうな顔で、ただ機械的に毎日を過ごしている人、身のまわりにいませんか？
　トラブルの原因は「感情の表し方を忘れてしまっている」こと。多くの人が仕事の課題解決のために効果の上がる話し方を実践し始めますが、感情が復活すると仕事の課題は簡単になくなるし、いちばんよかったことは感情が復活したことだと感じています。
　彼が「感情を感じながら」楽しそうに日々を送っている姿を見ると私もうれしいです。周囲にどんどん感情を楽しむ人を増やしていってください！

第 **5** 章

こんなに変わる！
プレゼン事例

ここまで、プレゼンの目的、組み立て、スキルをしっかり学んでいただきました。

　でも、ここで終わったのでは学んだ意味がありません。頭で理解したことを、実際の行動に変える……あなたのプレゼンをよりよいものに変える実践ができてこそ意味があるのです。

　知識を具体的な行動に変えるには、実際のプレゼンの改善事例に学ぶことです。

　そこで、第5章では具体的な例で改善前後のプレゼンを比べ、改善の理由を解説します。

　同じ内容のプレゼンが目的、組み立て方、スキルで大きく改善する様子を、一緒に見ていきましょう！

※ここに紹介した事例は、人物やシーンが特定できないように変更を加えた実話です。

新人にエネルギーの基礎を教えるプレゼン

　田中さんの会社で行われた、新人教育の『エネルギーについて』のプレゼンの一場面です。新人の皆さんは特にエネルギーに関心はなく、「仕事」として聞いています。例年、彼らに「エネルギーとは」を教え聞かせても、数日経てば忘れてしまいます。彼らが関心を持ってプレゼンを聞き、得た知識を忘れずにいるにはどう工夫すればいいでしょうか？

〈レクチャー❶：「エネルギーについて」の新人研修〉

> 【改善前の田中さん】
> 　皆さん、皆さんは専門家ではないし、あまりエネルギーに関心がないと思います。それに、普段、こういう話に接していない方は理解が難しいと思いますが、これも仕事時間に行うのですから、居眠りしないようにしっかり聞いてください。
> 　もし、居眠りをしていたら質問しますからね。当てられたくない人は、しっかり目を覚まして聞いてください！
> 　では、始めます！

【解説】
　誰しも一度は社内教育で経験したプレゼンではないでしょうか。「皆さんは関心がないと思います」「理解が難しいと思います」など、会場の皆さんへ否定的な情報を伝えると、それだけで聞く関心や、学習の効果が低下してしまいます。

また、「居眠りをしていたら質問をする」という表現は、「質問は罰である」と暗に伝えており、自主的な質疑が起こりにくくなってしまいます。総じて、義務、つらい思いが前提となっており、プレゼンに楽しさがないため、参加者は「早く終わればいいのに」となってしまいます。

　では、1章〜4章で学んだ事柄から、主なポイントをチェックしてみましょう！　○△×で評価してみましょう。

---

①挨拶で好意を感じるか？　→　×

②冒頭の内容で興味を感じるか？　→　×

③ガッカリ／ワクワクする筋書になっているか？　→　×

④会場（新人）と会話できているか？　→　×

⑤会場（新人）が何を得て、変化のためにどう行動するのか
　が明確か？　→　×

　まず、①は、会場の皆さんを否定的に表現している挨拶なので好意を持たれません。

　②も「理解できないだろう、仕事だから」と言われているので興味は感じず、③は運びが単調で概ねガッカリの連続でワクワクがありません。④は皆さんに一方的に話しているだけなので、これもNG。⑤は「エネルギーの知識を得る」ことが目的ですが、得た知識で受講生が具体的にどう行動するのかはっきりしていません。

【改善後の田中さん】

　今日は皆さんと同じ時間が過ごせますこと、心からうれしく感じています。短い時間ですが、精いっぱい努めますのでよろしくお願いいたします。

➡　承認によりラポールを創り出す。

138

第5章　こんなに変わる！──プレゼン事例

①挨拶で好意を感じるか？　→　　○

　ところで、皆さん、給与は、社会の情勢によって上がったり、場合によっては下がったりするのですが、この中で少しでも給与が上がったらうれしいなと思う人は？

➡　上がる、下がる、の２択を前振りすることで、「上がったらうれしい」に全員が挙手する。これによって、参加意識、ラポールを創り出す。

　小さい額。例えば、臨時の 1,000 円が手に入ったら何をします？

➡　具体的に想像することで「自分ごと」にする。

　そこの方？（ちょっと贅沢なティータイム）なるほど、いいですね！　では、そこの方？（貯金）それもいいですね！

➡　承認によるラポールの強化。具体化による「自分ごと」の強化。

　小さい額でも、いろいろできることがありますね。
　では、どうしたら使えるお金が増えるか。給与を上げる方法もありますが、給与を上げてもらうって簡単にできます？
　どちらかと言えば簡単だと思う人？　どちらかと言えば難しいと思う人？

➡　「どちらかと言えば」で簡単と難しいを前振りすることで、「難しい」に全員が挙手する。これによって、参加意識、ラポールを強化する。

139

そう、難しいんです。

しかし！　出ていく費用を下げて「自由に使えるお金を増やす」方法なら、比較的簡単にできるのです。

簡単なら教えて欲しいと思う人？

➡ 実践の敷居が低いので全員が挙手する。これによって、参加意識、ラポールを強化する。

②冒頭の内容で興味を感じるか？ → ○

例えば、毎日継続的に使っているものに着目します。継続的に使っているものは塵も積もれば山となりやすいのです。

この中で、例えば「電気使っているよ」という人？

➡ 全員が挙手する。これによって、参加意識、ラポールを強化する。

電気料金が減れば？　使えるお金がどうなります？　減る？　それとも「○○○」。

➡ 結論を参加者に言ってもらうことで、参加者の意見として進めることができる。

そう「増える」んです。

今日のエネルギーのお話は、例えば、こうすればエネルギー消費が減って電気料金が下がる、みたいな実用的なお話をしたいと思いますが、いいでしょうか？

第5章 こんなに変わる！── プレゼン事例

➡ 全員が挙手する。これによって、全員が希望する内容でプレゼン
を進めることができる。

③ガッカリ／ワクワクする筋書になっているか？ → ◯

➡ 臨時収入があるとうれしい！（ワクワク）でも、給与を上げるの
は難しい（ガッカリ）。しかし、出ていく費用を下げるのなら簡単に
できる！（ワクワク）

④会場と会話できているか？ → ◯

途中、疑問が起こったらチャンスです！ 割り込んで質問してく
ださいね。もしかしたら、質問次第でお小遣いが倍になる！ なん
て発見がワーク中にあるかもしれませんよ。

➡ 行動（質問）する理由を提供する。お小遣いが倍で「得をする欲望」
によって自分ごととして関心を持たせる。

では、今日学んだことを実際に日常に使うとしたら？ を具体的
に見つけて早速使っていきましょう！

➡ 具体的な行動を指示。

⑤会場が何を得て、どう行動するのかが明確か？ → ◯

141

【感想】

田中　面白くなくて当たり前、と考えがちな教育のプレゼンでも、組み立て次第で楽しく興味づけできますね。昨年の受講者はつまらなさそうでしたが、今年は積極的に質問があって、すごく盛り上がりました！

先輩　いいね！　受講が楽しければ、社員の皆さんの記憶にも長く残るよ！

第5章 こんなに変わる！── プレゼン事例

 ## 学生にモチベーションを持たせるプレゼン

　生徒のモチベーションを上げるため、自分の体験を母校（高校）で話す、というプレゼンです。

　田中さんは努力家で何事も前向きに取り組む性格です。自分の苦労、努力、成果を披露すれば、学生さんも「よし！　自分も頑張ろう！」となるに違いない！　と考えていますが、自分のどの言葉がどういった根拠で学生さんのモチベーションを上げるのか、準備をせずにプレゼンを行っています。

　これでは生徒のモチベーションが上がるのか、終わってみなければわかりません。そして……多くの場合、運に任せたプレゼンは成果を生まないものです。

　確実にモチベーションが上がる組み立てを考えましょう。

〈レクチャー❷：「自分の体験」を母校で話す〉

【改善前の田中さん】
　本日はプレゼンの機会をいただきましてありがとうございます。田中仁と申します。本校を20年前に卒業しました。
　私は中学で化学の面白さに目覚め、日本の未来を変えるような仕事をしたいと思うようになりました。原子核物理学教授で東大総長の有馬朗人先生に、科学と社会のかかわり、科学者にとってのやりがいは何か、を在学中に手紙でお尋ねしたこともあります。
　私は、在学中の成績がまあまあよくて、生徒会長や卒業生代表の

スピーチもしました。また、国の特別奨学金をもらい、全米で最も有名な大学に交換留学しました。

　振り返ると、私の卒業後の人生は当校の卒業生の中で、他の生徒とは違ってユニークだったと思います……

【解説】

　一見、しっかりした内容で、いいプレゼンだと感じるかもしれません。

　早速、1章〜4章で学んだ事柄から、主なポイントをチェックしてみましょう！

①挨拶で好意を感じるか？　→　△

②冒頭の内容で興味を感じるか？　→　△

③ガッカリ／ワクワクする筋書になっているか？　→　×

④会場（生徒）と会話できているか？　→　×

⑤会場（生徒）が何を得て、変化のためにどう行動するのか
　が明確か？　→　×

　チェックすると、①から⑤のどれも達成してないことがわかります。

　生徒から見れば「知らない年上の人が、自慢とお説教のような人生の教訓を話していった」印象でしょう。⑤の生徒が何を得て、変化のためにどう行動するのか、については、「私の実績を聞けば、やる気を出すだろう」に留まっており、具体的な行動が指示されていません。

　プレゼンテーターは会場の皆さんのためと思いながら、実際は「自分が話したいことを話しているだけ」なのです。

　これではプレゼンを聞いている生徒の多くは退屈と苦痛を感じてしまい、モチベーションを上げることはできません。

第5章　こんなに変わる！——プレゼン事例

【改善後の田中さん】

> 　皆さま、私は田中仁と申します。<u>皆さんと同じ本校を</u> 20 年前に
> 卒業しました。

➡ 　「同じ」を口に出すことでラポールを創り出す。

> 　本日は、もうすぐ<u>日本を背負って立つ皆さんと同じ時間を過ごせ
> ますこと</u>、うれしく感じています。

➡ 　「日本を背負って立つ」で皆さんを承認する。ラポールの強化。「同
　じ時間」でラポールを強化。

┄┄┄┄┄┄┄┄┄┄┄┄┄┄┄┄┄┄┄┄┄┄┄┄┄┄┄┄┄┄┄┄
①挨拶で好意を感じるか？ →　　○
┄┄┄┄┄┄┄┄┄┄┄┄┄┄┄┄┄┄┄┄┄┄┄┄┄┄┄┄┄┄┄┄

> 　この中で、<u>人生の進路がはっきり決まっている人</u>？

➡ 　ほとんどいないことを見越した質問。

> 　では、将来の進路、職業選びに<u>少しでも不安を感じている人</u>？

➡ 　「少しでも」ですべての人の挙手を計画。これで、参加意識、ラポー
　ルを創り出す。

> 　本校の卒業生は皆さん大きな企業や外資のいいところに就職して
> います。
> 　でも！ ちょっと皆さんは事情が違うかもしれない。<u>そのお話を
> してもいいですか</u>？

145

➡ すべての人の挙手を計画。会場が望む話をする。

②冒頭の内容で興味を感じるか？ → ○

皆さんは、2008年9月に起こったリーマンショックを聞いたこと
ありますか？　皆さんが4歳のときです。リーマンブラザーズとい
うアメリカの大手投資銀行がいきなり経営破綻し、連鎖的に世界規
模の金融危機が起こりました。六本木ヒルズにあるリーマンのビル
からもたくさんの金融マンがダンボールに私物を入れて銀行を去り
ました。

➡ 「臨場感のある描写」で話し、「自分ごと」として考えてもらう。

皆さんは昔の話だから関係ないと思われるかもしれません。

➡ 相手の思うことを先取りして口に出すことで、相手はそう思わな
くなる。

2008年の前は1997年にアジア通貨危機がありました。経済では
だいたい10年ごとに大きな危機が発生するのです。
2008年は1997年の11年後、今年はその11年後の2019年です。
　このお話を聞いて、もしかすると今年あたり何かあるかもって感
じる人？

➡ 卒業時期が経済危機に当たるかもしれないことで、「自分ごと」と
して聞いてもらう。

146

第5章　こんなに変わる！──プレゼン事例

> 　社会がどうなるかという巡りあわせは、個人ではどうにもなりません。
> 　では、**努力しても仕方ないのか、と言えばそうではないのです。**2つの経済危機のとき、次の仕事が見つからず苦労した人がいました。その一方で、すぐに新しい仕事を手に入れた人もいます。
> 　どうですか？ 社会が変動しても、<u>すぐに次の職場を見つけられるとしたら？　それなら安心だ、と思う人？</u>

➡　全員が手をあげることを計画。

> 　<u>そうですよね。では、その具体的な方法を知りたい人？</u>

➡　全員が手をあげることを計画。会場が知りたい「興味」を創り出すことで、集中して聞いてもらう。

> 　<u>では、私の経験から、これだと思う5つの方法をシェアしたいと思いますが、いいでしょうか？</u>

➡　全員が手をあげることを計画。会場が知りたい内容を話す。シェアという言葉で押し付け感をなくす。

┈┈┈┈┈┈┈┈┈┈┈┈┈┈┈┈┈┈┈┈┈┈┈┈┈┈┈┈┈
③ガッカリ／ワクワクする筋書になっているか？　→　〇
┈┈┈┈┈┈┈┈┈┈┈┈┈┈┈┈┈┈┈┈┈┈┈┈┈┈┈┈┈

➡　本校を卒業すれば未来は明るい（ワクワク）➡でも、社会の状況次第でダメになることもあり、そのタイミングは自分ではどうにもならない（ガッカリ）➡でも、すぐに次の職場が見つかるなら大丈夫！その方法がある（ワクワク）！

④会場と会話できているか？ → ○

　では、プレゼンが終わるまでに1つ、明日から変えることを決めて、自分のノートとアンケートに書いてください。プレゼンが終わったらアンケートを回収します。

➡ 生徒が変化するための指示

⑤会場が何を得て、どう行動するのかが明確か？ → ○

【感想】

田中　以前は、こんなに一生懸命話しているのに、今1つ反応がなくて「なぜ他人事なんだ」と不満を感じていました。でも、今回は熱心に聞いてくれて、生徒さんと一体感を感じながら進めることができました。質疑も活発で本当に楽しかったです！

先輩　説教はするほうもされるほうも気分がよくないよね。これからもインタラクティブにやり取りして、会場が聞きたいことを伝えてください！

第5章 こんなに変わる！──プレゼン事例

3 3分間スピーチ（一緒に「伝え方」にチャレンジ！）

　勉強会で30人の皆さんが、1時間、ラポールを使った話し方の体験をしました。アンケートでは「難しいと思っていた会話が意外なほどうまくいく！」「これなら生活が変わる！」と感じた人が90％を超えています。

　でも……このまま練習しない場合、2、3か月後には完全に元の状態に戻ってしまいます。継続して練習してもらうためには、どう伝えればいいでしょうか？

〈レクチャー❸：「ラポール」を使った話し方の研修〉

【改善前の田中さん】

　皆さん、今日のワークで意外に会話ができるなと思われるかもしれません。

　しかし、皆さんが達成すべきレベルからすれば5％もできていないのです。皆さんがきちんと伝える力を手に入れたいのなら、なんとなくできる、というあやふやな状態ではなく、体系的に継続的に学ぶことが必要なのです。

　私たちは「明日からでいいかな」と考えますが、「明日から」と考えていると、結局、永久に始まりません。皆さん自身、過去に「明日からやろう」と考えて、結局、実行しなかったことがたくさんありますよね？

　皆さんが本当に変わりたいのなら、今、ここで決断してください。では、継続プログラムに参加してしっかり学ぶという人？

【解説】

　皆さんの「できた」という体験の否定から始まっています。また、達成のために必要な努力や大変さが連呼されており、最後は一方的に決断を迫られています。子どもに「社会で必要なんだから勉強しなさい！」と言うのと同じで、説得するほど相手はその気を失っていきます。

　どう行動すればいいのかは明確ですが、「断れない状態」で押し切っているため、あとで気持ちが変わったり、そのまま連絡がなくなる、など開始後にトラブルが発生することにつながります。

---

①挨拶で好意を感じるか？　→　　×

②冒頭の内容で興味を感じるか？　→　　×

③ガッカリ／ワクワクする筋書になっているか？　→　　×

④会場（生徒）と会話できているか？　→　×

⑤会場（生徒）が何を得て、変化のためにどう行動するのか
　が明確か？　→　　○

【改善後の田中さん】

　皆さん、今日のワークで体験すると、話を聞くだけよりわかりやすいと感じた方？

➡　　大多数が挙手。

　そうですね、体験してみると意外にできるという感想が多いですね。会話で苦労した方もたくさんいると思いますが、今までできるようになる体験や学ぶチャンスがなかっただけだと思います。皆さん、もともと伝える力はあるのです。

第5章　こんなに変わる！―― プレゼン事例

①挨拶で好意を感じるか？　→　○

では、皆さん、伝え方が「上手になる」秘訣を知りたい方！

➡　大多数が挙手。

②冒頭の内容で興味を感じるか？　→　○

では、シェアします！

➡　皆さんが望む内容を話す。

伝え方の根本的な原理はそう多くないのです。皆さんなら、2日程度、集中して学べばできるようになるんです。
2日で手に入るのなら手に入れたいと思う人？

➡　大多数が挙手。

そうですね。そして多くの人がそれで問題ないと考える。でも、それではダメなんです。
例えば、テニス。打ち方は2日もあれば基本はできるようになります。
でも、「2日の練習で試合に出ることができるか」と言えば？
できると思う人？　無理じゃないかと思う人？

➡　大多数が無理のほうに挙手。

151

そうです、無理なんです。

できるようになることと実践で使えることは違うんです。

本当に当たり前のことなんですが、「○○」が必要です。

そう、練習です。

➡ 会場が答えることで、会場の意見にする。

ここまではそうだよねって感じですよね。

次に、多くの人が「仲間でチームを作って頑張る」をやろうとします。

みんなで励まし合えば、1人だと続けにくいことも続けられる！これいいなって思う人？

➡ 大多数が挙手。

そうですね！ 仲間がいれば頑張れる！ いい言葉ですね。……でもダメなんです。

どう思います？ 素人が集まって、「そこの打ち方、こうしたらいいんじゃない？」とかアドバイスしあっているんですよ」(会場笑い)

上達すると思う人？ 無理だと思う人？

➡ 大多数が無理に挙手。

では、その解決策を知りたい方？

➡ 大多数が挙手。

152

第5章　こんなに変わる！── プレゼン事例

　例えば、練習チームの<u>コーチが松岡修造さん</u>だったら？　これなら大丈夫だろうと思う人？

➡　大多数が挙手。

　そうですよね。継続して練習できる仲間がいること、その中に指導できる人がいること、の2つが同時にあることがとても大切なんです。
　<u>わかった人？</u>

➡　大多数が挙手。

　でも、残念なことに、これ自体が難しい。<u>松岡修造さんに「コーチしてください！」ってお願いしたら、いつでも「いいですよ」と返事をしてもらえると思う人？　無理だと思う人？</u>

➡　大多数が「無理」に挙手。

③ガッカリ／ワクワクする筋書になっているか？　➡　　×

➡　体験すると意外に簡単で、2日で理解できる（ワクワク）➡でも、継続練習しないと実践レベルにはならない（ガッカリ）➡仲間とチームをつくって練習する方法がある（ワクワク）➡でも、素人の集まりだと向上しない（ガッカリ）➡でも、いい指導者がいれば大丈夫（ワクワク）➡でも、指導者はお願いしてもダメな場合が多い（ガッカリ）

153

だから意外に大切な3つ目の条件が「学べるチャンス」を逃さない、なんです。

　もし、テニスを上達したいと思っているなら、松岡修造さんが「コーチしてもいいよ」と言ったら、いろいろ用事とかあるかもしれないけど、どうしたらいいと思います？

　用事あるからやめておく人？　行くんだという人？

➡ 大多数が「行く」に挙手。

┌─────────────────────────────┐
│ ④会場と会話できているか？　→　○ │
└─────────────────────────────┘

　伝え方の練習も同じなんです。

　皆さん、「伝え方」を仲間と先生について習ったことってあります？　ある人？　ない人？

➡ 大多数が「ない」に挙手。

　一生のどこかで一度身に付ければ一生困らないのに、伝え方を学ぶ機会は、意外にないんです。もしこの機会に伝え方の悩みを解決しておきたい人は、このあとここに集まっていただければと思います。少し詳細をお話ししたいと思います。

┌─────────────────────────────────────┐
│ ⑤会場が何を得て、どう行動するのかが明確か？　→　○ │
└─────────────────────────────────────┘

第5章　こんなに変わる！── プレゼン事例

【感想】

田中　「やらなきゃダメ」で押し付けられると気持ちが重いですが、
　　　自分で納得して始めると努力のしがいを感じますね。
先輩　身に付くかどうかの違いは、自分でやろうと決
　　　めて行動できればこそだからね。人から強要され
　　　ると行動力が落ちてしまう。プレゼンテーターの
　　　話し方ひとつで、その人が学びを開始できるかど
　　　うかが決まるのだから、責任は重大だな。
田中　そうですね。プレゼンテーターは責任が重い感じもしますけ
　　　ど、それ以上にワクワクが大きいように感じます！

4 新製品を役員にプレゼン

　田中さんは画期的なスポーツ用品を開発しました。玉を打撃して遠方に弾くのが高得点を取るというものです。玉の打撃時のスピードが速ければ、それだけ遠方に飛びますが、田中さんは速度に加えて、打撃時に打撃面が撓(たわ)んで元に戻ることで、より遠くに弾き飛ばすモノコック構造を考え出しました。

　そして、役員に成果をプレゼンすることになりました。役員はそのスポーツをプレーしますが、エンジニアではありません。役員に開発成果をいい方向で評価してもらうには、どうしたらよいでしょうか。

〈レクチャー❹：画期的な新製品の役員へのプレゼン〉

【改善前の田中さん】

> 田中　本日の発表は「飛距離が伸びるモノコック構造の発明」です。道具を薄くすることで重量を軽くし、速度が上がりやすくなる。そのために金属材料を薄く削るのですが、薄く削る技術は難しく、開発にかなりの時間を要しました。薄く削った金属が撓むことで打撃時の反発力を高め、従来製品より5％遠くまで飛ぶ性能を実現しました。重量、飛距離、直進性、打撃再現性のデータはこのとおりです。
> 役員　製造コストはどうなの？　従来より高い？　安い？
> 田中　従来より10％高くなります。しかし、従来より少しでも飛

第5章　こんなに変わる！── プレゼン事例

　　距離を出したいお客様はきっと満足してくれるはずです。
役員　何言っているの？　お客様が最初に見るのは価格だよ。ライ
　　バル社の製品と並んでいて、価格が高ければ買ってもらえない
　　よ。
田中　しかし、技術的には当社のモノコック構造が断然上です。価
　　格以上の価値があります。
役員　エンジニアは営業の苦労がわかっていない。お客様はプロ
　　じゃないんだから、わずかな差に料金を払うより、そのお金で
　　ゲームを楽しみたいんだ。データを見せてわかってもらえると
　　は思えない。
田中　いえ、使っていただければきっとわかってくれるはずです。
役員　もういい。コストが従来並みになったら再度報告を受けるこ
　　とにする。

【解説】
　田中さんは発明品をアピールするために、エンジニアの視点で
発明の難しさ、苦労を伝えました。そのために「製造の難しさ＝
コスト」に流れが移ってしまいました。また、性能の素晴らしさ
という自分の価値観で話をしたために役員の賛同を得られません
でした。プレゼンの結果、田中さんに対する役員の評価は決して
高くありません。

①挨拶で好意を感じるか？　→　△
②冒頭の内容で興味を感じるか？　→　×
③ガッカリ／ワクワクする筋書になっているか？　→　×
④会場（生徒）と会話できているか？　→　×
⑤会場（生徒）が何を得て、変化のためにどう行動するのか
　が明確か？　→　×

157

【改善後の田中さん】

> 田中　本日の発表は<u>役員の皆さんもプレーされている、社会的地位の高い方</u>の競技人口が多いスポーツです。

➡ 「社会的地位が高い」を形容詞に入れることで、目立たない形で役員に対して承認を表現した。

> ①挨拶で好意を感じるか？　→　◯

> 田中　得点のポイントは飛距離です。<u>自分のイメージどおりに青空に玉の軌道が伸びていく</u>とき、どう感じますか？　気持ちがいいと感じる方？
> 役員　（そりゃそうだ、という笑顔）

➡ 臨場感のある話し方で「自分ごと」に感じてもらう。

> ②冒頭の内容で興味を感じるか？　→　◯

> 田中　そうですよね。でも、それじゃ不十分なんです。
> 役員　（？）
> 田中　会社を代表する役員の皆さんは大切なお客様とプレーする機会が多くあると思います。皆さんがナイスプレーをしたとき、お客様が「いいプレーですね！」って言ってくださると思います。そのとき、「ちょっといい道具を使っているんですよ。当社の」と言えたら？
> 役員　目の前で飛距離が出ているんだから、宣伝になるだろうね。

第5章　こんなに変わる！──プレゼン事例

> 田中　ありがとうございます。でも、それはダメです。もったいない。
> 役員　（何がまずいんだ？）
> 田中　「よかったら、こちらをどうぞ。お客様にカスタマイズした
> 　　　ものをお持ちしました」ってお渡ししたらどうでしょう。お客
> 　　　様の様子、想像できますか？
> 役員　そりゃ喜んでもらえるよ。

---

③ガッカリ／ワクワクする筋書になっているか？　→　○

➡　気持ちのいいプレー（ワクワク）　→それでは不十分（ガッカリ：
否定）→お客様の前でいいプレーの場面（ワクワク）　→それではダ
メ（ガッカリ：否定）→お客様専用をプレゼントして喜ばれる（ワク
ワク）

---

④会場と会話できているか？　→　○

> 田中　以上が私の開発成果の概要になります。なお、飛距離等の詳
> 　　　細なデータはこれからお話しします。
> 　　　　この製品は製造コストは10％高くなりますが、データにあ
> 　　　るように、究極まで軽いうえに、道具自体が玉を弾く独自の技
> 　　　術で、ナイスプレーが出やすくなっています。
> 役員　続きを聞こうか。

---

⑤会場が何を得て、どう行動するのかが明確か？　→　○

159

➡ 「新しい製品を使ってみる期待」を結論にすることで、コストの問題を優先度の低い問題にしている。

【感想】

> 田中　役員の方も楽しそうな感じで積極的に聞いていただけました。例年、嫌だったプレゼンですが、いちばん楽しんでいたのは私だったと思います。
>
> 先輩　いい商品の説明をワクワクしながら聞くって最高だよね。田中君の評価はどうなったの？
>
> 田中　お陰さまで、終わった後に役員の1人から「頑張ってくれたまえ」って声をかけていただきました。こんなこと初めてです！

第5章　こんなに変わる！── プレゼン事例

 叔父（50歳）の転職プレゼン

　田中さんの叔父も田中さんと同じエンジニアです。もといた会社が海外移転することになりましたが、叔父は家族を残して海外で生活するのは難しいと判断し、退職して新たな会社を探すことにしました。面接官は3名。叔父さんは長年培った技術力をアピールしようとしますが、先方は自社にマッチする人材なのか不安になっています。
　「この人に来てもらいたい！」となる組み立てを考えてみましょう。

〈レクチャー❺：転職（面接）でのプレゼン〉

【改善前の叔父】

> 叔父　よろしくお願いいたします。
> 面接官　経歴と、どのような技術をお持ちなのか説明してください。
> 叔父　ニッケルをベースにした合金鋼の研究開発と、最近の10年はその製造ラインの工場責任者でした。製造管理が私の強みだと考えています。
> 面接官　そうですか。しかし……工場設備は各社で独特の違いがあるし、働いている人も違いがありますよ。特に当社はアジア方面から来られている人も多くいて、日本人相手の管理方法がそのまま使えるわけじゃないですよ。
> 叔父　わかっています。違いはありますが、ベースになるところは十分、今までの経験が活かせます。頑張りますので、よろしく

161

> 　　お願いいたします！
> **面接官**　海外から来た社員と働いたことはあるの？
> 叔父　少しですが、あります。中国からの留学生で前社に就職した
> 　　人が2人いましたので、ときどき一緒に仕事していました。
> **面接官**　2名の方と、ときどきですか……

【解説】

　作法どおりの無難な挨拶になっていて、反感を持たれるやり取りではありませんが、好意も感じません。

　経歴の内容は、面接前に了解されているため、概ね相手が興味を持つことがわかっていますが、先方は採用に至るほどの内容かどうかわからない状態で話をしています。

　目的が就職なのに「田中さんの叔父さんの経歴に興味を感じるかどうかを相手に任せた状態」では、結果は終わってみないとわかりません。面接官からの質問に答える「やり取り」をしていますが、就職という目的に対して会話がコントロールできているかと言えば、ノーです。

　そのため、3人の面接官は田中さんに特段の期待がなく、一長一短のある情報から何を足掛かりに採用の可否を決定すればいいのかわかっていません。

①挨拶で好意を感じるか？　→　△
②冒頭の内容で興味を感じるか？　→　×
③ガッカリ／ワクワクする筋書になっているか？　→　×
④会場（生徒）と会話できているか？　→　×
⑤会場（生徒）が何を得て、変化のためにどう行動するのか
　が明確か？　→　×

第5章　こんなに変わる！── プレゼン事例

【改善後の叔父】

叔父　本日はお忙しいところありがとうございます。ご連絡でお名前は存じておりましたが、○○さん始め皆様と直接お話しできる機会を楽しみにしておりました。

➡　個人に向けて挨拶することでラポールを創り出す。

┌─────────────────────────────────────┐
│ ①挨拶で好意を感じるか？　→　　○
└─────────────────────────────────────┘

面接官　経歴と、どのような技術をお持ちなのか説明してください。
叔父　ニッケルをベースにした合金鋼の研究開発と、最近の10年はその製造ラインの工場関連です。御社は研究と現地、どちらにニーズがありますか？

➡　2者択一の質問で、自身の持つ経歴から相手のニーズを聞き出す。

面接官　工場ですね。
叔父　工場ですね！　工場のどういったところをこれから強化されるのですか？

➡　言葉の繰り返しでラポールを補強。「強化」という言葉で相手の反応を確認する。「聞く」で相手の価値観、ニーズを知る。

面接官　強化というより、困っていることを解消したいのですよ。

➡　困っていることを解決したいという相手のニーズを聞き出した。

163

> 叔父　困っているといいますと？　もし差し支えなければ、どういっ
> 　　　たことでしょうか？

➡ もし、で間接的に（実際の、直接の）理由を聞く。

> 面接官　海外からの社員も増えて、意思疎通がうまくいかないとい
> 　　　うか、工場で働く人の意思疎通が難しくなっているのです。海
> 　　　外の従業員と接した経験はありますか？

➡ 背景を含めて相手のニーズを知った。

> 叔父　あります。ところで御社は10年以上前から海外から社員を
> 　　　積極的に受け入れていますよね。理由は何でしょう？

➡ 相手のことを知っていることを伝えてラポールの強化。質問返しで、
　さらに詳細な情報を聞く。

> 面接官　日本の人口の減少やグローバル化を見ると、長期対処の必
> 　　　要性があると考えたのですよ。
> 叔父　素晴らしいですね！

➡ 承認によるラポールの強化。ニーズを相手に明確化させる。

> 叔父　他の面接官の方はいかがでしょう？　当面の課題は工場の意
> 　　　思疎通でしょうか？
> 面接官　ええ、その問題で困っています。

➡ 「当面の」でノーにならない質問をすることで、3人の面接官の意

164

第5章　こんなに変わる！── プレゼン事例

思を確定した。

> 叔父　では、どういう人材がいればいいのですか？

➡　ニーズを相手に明確化させる。

> 面接官　工場で働く人の意思疎通を何とかしてくれるエンジニアが
> 欲しいのです。
> 叔父　なるほど。技術がわかって、工場で働く人の意思疎通も対処
> できるエンジニアですね。

➡　繰り返しによるラポールの強化。ニーズの確定。

> 面接官　そうなんです。なかなか見つからなくて……田中さんはこ
> ういったことはできますか？

➡　相手から発言させることで、回答を相手のニーズとして話す。

> 叔父　もちろんです！ 工場では技術だけでなく、工場で働く人の
> 意思疎通も含めた責任者でした！

➡　相手の言葉を使ってニーズどおりに回答する。

②冒頭の内容で興味を感じるか？ →　〇

➡　会社のニーズに合った人物の話として興味を持って聞いてもらえる。

③ガッカリ／ワクワクする筋書になっているか？ →　〇

165

➡　意思疎通を何とかしてくれるエンジニアがいない（期待していない：ガッカリ）→ニーズどおりの経歴を持っている！（ワクワク）

④会場と会話できているか？　→　　○

面接官　そうなんですね！ では、仮に当社で働いていただくことになったとして……

⑤会場が何を得て、どう行動するのかが明確か？　→　　○

➡　会社のニーズにぴったりの人材であることがわかれば、採用に向けた確認を続ければOK。

【感想】

田中　面接を受ける、というのは質問をされる側という印象がありましたけど、面接される側が質問をしていますね。
先輩　そう。質問をすることで会話のコントロールを自分でできることになるから、相手のニーズを理解したうえで回答できる。これなら相手が望む回答ができないわけがない。
田中　叔父さんの転職、決まってよかったです！ 新しい会社で楽しそうに活躍しています！

第5章　こんなに変わる！── プレゼン事例

 工事費用を満額で合意するプレゼン

　田中さんが担当している取引先の1つに、現地工事を扱っている会社があります。田中さんの会社が設計図面を担当しています。工事中は急に機材の寸法の調整が必要になるなど、想定外の設計変更が生じ、そのたびに田中さんに追加の仕事が発生します。

　このような場合、後に追加の設計費用の請求が問題になることがよくあります。

　一般的には、こうした交渉事は担当者どうしで行われることが多いのですが、取引先の上司なども交えた会議の場で行われることも少なくありません。

　急な仕事に対応しながら、設計費用をきちんと認めてもらうにはどう工夫すればいいでしょうか？

〈レクチャー❻：工事費用を満額で合意するプレゼン〉

【改善前の田中さん】

> 田中　緊急対応の件ですが、清算をお願いしたいのです。設計図面の引き渡しの後の依頼は、追加の仕事になりますから、追加分の費用をお支払いいただきたいのです。
> 先方　工事の変更は我々に原因があるわけじゃない。国際的な材料供給の問題で不可抗力で発生したものだ。そういう変更があっても影響を受けない図面ができていれば、そもそも変更は生じ

なかったはず。そう考えると代金は30％しか払えない。

田中　こちらは急な要望に応えて、他の仕事を一時的に停止して技術者を確保しているんですよ。さらに残業までしているのですから、かかった費用は払っていただかないと困ります。

先方　残業で対応してるのはこちらも同じです。その分の費用がかかっています。

先方上司　ダメだ。今回は30％の金額で清算です！

田中　（頑張ってもこれだもんな……）

【解説】

お客様を第一に考えて判断したのに、相手は田中さんの厚意を全く感じていません。その結果、緊急の対応に対して感謝もないし、工事代金を減額されてしまいます。これでは仕事のモチベーションが維持できません。

では、主なポイントをチェックしてみましょう！

①挨拶で好意を感じるか？　→　×

②冒頭の内容で興味を感じるか？　→　×

③ガッカリ／ワクワクする筋書になっているか？　→　×

④会場と会話できているか？　→　×

⑤会場が何を得て、変化のためにどう行動するのかが明確か？
　→　×

まず、①は、田中さんは意識していませんが、要求を通すための対立の会話になっています。②は「清算」という痛みに関する話題なので興味は感じず、③は要求を続けているだけなので単調です。④はやりとりをしているように見えますが、自分の言い分を話しているだけで会話になっていません。⑤は相手が具体的にどう行動すればいいのかはっきりしていません。

こうした変更事項は後々にコスト面で問題になることがよくあります。そこで、事後の清算時のプレゼンだけでなく、事前のやりとりでラ

168

第5章　こんなに変わる！── プレゼン事例

ポールを創っておこくとがとても効果的になります。

【改善後の田中さん】

> 田中　（いつも清算のプレゼンが始まると険悪な雰囲気になって押し切られてしまう。そうだ、プレゼンは「最初に接触したときから始まっている」んだったな。依頼があった時点から工夫してみよう！）
>
> 先方　材料の変更で機材の寸法の変更が必要だ。至急、設計を見直して欲しい！
>
> 田中　えー！ 急に言われましても無理です！ でも御社のためならなんとか……もしできるとしたら非番の担当を呼び出すしかないのですが、その分費用がかかります。それでも必要な変更でしょうか？

➡　「無理だけど、御社のためなら」で意外性とラポールを創り出す。

①挨拶で好意を感じるか？ → 　○
②冒頭の内容で興味を感じるか？ → 　○

> 先方　もちろんだ。
>
> 田中　では、上司の方に了解をもらってください！ こちらも並行で手配しますから！
>
> 《翌日》
>
> 田中　作日の件ですが……非番の担当が確保できなかったのです。
>
> 先方　えっ！
>
> 田中　でも、結婚記念日で定時退社予定の社員が御社のためならと残業してくれまして……図面はできました。

169

➡ 担当が確保できなかったが（ガッカリ）と図面ができたという安堵。「御社のためなら」でラポールを強化。

---

③ガッカリ／ワクワクする筋書になっているか？　→　〇

> 先方　知らなかったとはいえ、その方には無理をお願いしました……。
>
> 田中　いえ、一同頑張っております。残業数は20時間でおさまっていますので、上司の方にも安心していただくようお伝えください！

➡ 残業時間を「形容詞化※」して伝えることで、残業数は20時間が議論の対象となることを回避する。

※形容詞化：話し方の教科書　4章5

日本語は最後の言葉が結論となり、議論対象となりやすい。そこで、結論を説明する形容詞のように用いることで議論とならない情報の伝え方ができる。

田中さんはその後も先方の担当者とその上司に定期的に報告しました。

➡ 接触回数を増やすことでラポールを強化する。

【精算のプレゼン】

> 田中　最初、非番の担当がつかまらないときはどうなることかと思いましたが、御社のためならと協力してくれる社員がいまして、そのあとも無事、設計変更が終了しました！

➡ 「形容詞化」で情報を伝えて、議論とならない状態で過去経緯を伝

第5章　こんなに変わる！── プレゼン事例

えて思い出してもらう。

> 先方上司　無理をお願いしたね。
> 田中　いえ、関連部署には御社の依頼という理由で引き受けてもら
> いましたので、<u>私こそ御社に助けていただきました！</u> 内容は
> これまでご報告しているとおりなので、今日は単純にその全体
> をまとめたものになります。

➡ 「私こそ御社に助けていただきました！」でラポールを創り出す。

> 先方　ええ、先日いただいた報告では残業は250時間になっていま
> した。
> 田中　はい。<u>今日の説明は、それ以降に発生した10時間分の作業</u>
> <u>について、です</u>。そこが問題ないようでしたら、残業時間を確
> 定して、今月末の日付で請求書を送らせていただきますのでよ
> ろしくお願いします！

➡ 今日の議論は最後の10時間分の作業だけである、とフレーミング
で方向づけする。

> 先方上司　では、内容を聞かせてもらおうか。

④会場と会話できているか？ ➡ ○
⑤会場が何を得て、どう行動するのかが明確か？ ➡ ○

171

【感想】

田中 「プレゼンで合意する」ではなくて、「プレゼンが始まった
　　　時点で事実上の合意が終わっている」のはいいですね。日頃
　　　の仕事のやりとりも、プレゼンの環境を整えるためにどんな工
　　　夫ができるかな、と感じて楽しいです！
先輩 そうだね。関係が始まったときから「ゴール」に向けた歩み
　　　が始まっている。楽しみながらゴールに向かえる毎日はいいよ
　　　ね。

第5章 こんなに変わる！── プレゼン事例

《第5章のエッセンス》
知識は実践できてこそ意味がある！

プレゼン事例で成功体験を手に入れる！

　知識を具体的な行動に変えるには、実際のプレゼンの改善事例に学ぶのが一番です。新人にエネルギーの基礎を教えるプレゼン、学生にモチベーションを持たせるプレゼン、3分スピーチ、新製品を役員に説明、転職プレゼン……。これらの事例で、もし自分がプレゼンテーターだったらどうする？ という臨場感を持って体験することが、成功を手に入れるカギになります。

　田中さんが山下先輩にプレゼンの仕方を習ってから、今年2度目の「新人にエネルギーの基礎を教える」プレゼンです。先輩も会場の後ろで様子を見ていました。

先輩　今日のプレゼンは合格だったね！
田中　ありがとうございます！ でも、まだまだこれからです。
先輩　当たり前だ！ 練習と進化に終わりはない！ そして……
田中　そして？
先輩　僕がプレゼンを直接教えられる人数は限られている。今度は君が先生になって次の人につないでくれればうれしい。君のようなプレゼンテーターの人数が増えていけば、プレゼンをする側
　　　も、聞く側も、より多くの人にチャンスに恵まれることになる。期待しているよ！
田中　了解です！

COLUMN
話し方エピソード⑤

● 工事代金の口論が笑顔に変わった?!

　お客様に工事代金の話をするたびに、お客様の本社や現場の担当者と口論になっていました。最後は話をまとめるために私が謝ることになり、「なぜ悪くない私が謝らなければならないんだ」と、非常に苦痛でした。しかし、お客様の担当者1人ひとりの気持ちを確認し、お客様が本当に欲しいものを一緒に考えることで、こちらが提示した金額をお客様に笑顔で受け取ってもらえるようになりました。お陰で、会社からの評価も上がり、賞与が増えました。

（30代男性：エンジニア）

　仕事の代金がなかなか合意できなくて苦痛を感じている人、身のまわりにいませんか？

　原因は、お客様が工事に十分な価値を感じていないため、代金を「高い」と考えているからです。お客様が「自分のニーズを120%満たしてくれている！」と理解できるコミュニケーションができれば、「その代金でいいの？　ありがとう！」に変わります。

　お客様の笑顔と会社からの評価、私もうれしいです。これからもお客様と会社をいっぱい喜ばせてあげてください！

第 6 章

プレゼンのエクササイズ
（例題と回答例）

エンジニアの皆さん、連立方程式を解きはじめた頃を覚えていますか？　答えを見てから式の展開を考えると「全然簡単！」なのに、次の行を隠して展開を考えると何時間も答えが出なくて悩む……。でも、練習を積めば、見た瞬間に式の展開の仕方がわかるようになります。

　プレゼンの組み立ても同じです。

　プレゼンは、事前に話す内容をしっかり計画しますが、現実では計画とは違う出来事が起こります。そのとき、その場にふさわしく、かつ、その後の展開にスムーズにつながる話を「瞬時」に考え、話す必要があるのです。

　連立方程式の解法が瞬時にわかるようになるのと同じく、「見た、聞いた」瞬間に、ほとんど自動で「話すべき内容が口をついて出てくる」状態まで練習すれば、成功は「絶対」です。

　そこで、本章ではプレゼンに効くエクササイズをいくつか用意しました。例題を参考に、日常のふとした出来事を題材にしてどんどん練習してください。

第6章　プレゼンのエクササイズ（例題と回答例）

「ラポールを創り出す」──
相手を褒めるエクササイズ

　すべての会話は、出会って30秒で仲間のように話せる「ラポール」が基本です。ラポールなくして「真剣に聞こう」という関係は生じません。ラポールは同意や承認を口に出すことで創られます。
　基本になる「1人対1人のラポール」を創り出す視点を、例題でしっかり身に付けしましょう！

〈エクササイズ❶：山下先輩が万年筆を使ってメモを取っていた〉
　ラポールを創り出す「承認」の伝え方を考えてみましょう！

【よくあるNGの伝え方】

> 回答例：万年筆でメモなんて珍しいですね！

➡　珍しいから珍しいと事実を発言しただけでは、会話に目的がありません。「珍しい」を好意的に受け取ってくれるか、否定的に受け取られるかが相手次第になってしまいます。

【合格点の伝え方】

> 回答例：万年筆でメモするのってステキですね！

➡　ステキという言葉が入っており、承認が明確に伝わります。

【さらにいい伝え方】

回答例：万年筆でメモする山下先輩、ステキです！

➡ **ステキの対象が相手そのものになっています**。行為や物を褒めるより、能力や存在を褒めるとより強い承認になります。例えば、万年筆を使っている「山下先輩のセンス」を褒めるのも、いい伝え方です。

〈エクササイズ❷：山下先輩が笑顔になっている〉
承認の対象を「相手そのもの」になるように褒めてみましょう。

【合格点の伝え方】

回答例：山下先輩の笑顔、ステキですね！

➡ 笑顔なのは山下先輩ですから、山下先輩そのものを褒めていることがわかりますが、少し間接的です。

【さらにいい伝え方】

回答例：山下先輩、笑顔もステキです！

➡ 山下先輩を直接褒めています。より強い承認になります。

178

説明発想エクササイズ

　話題そのものには「良い」「悪い」という価値観はありません。価値観をニュートラルにして、身まわりの出来事に「良い」「悪い」両方の説明をつけられるよう練習しましょう。

　価値観をニュートラルにすることで、数時間のプレゼンを準備する過程で、思いもよらなかった発見ができるようになります。どんどん数をこなしてください。

〈エクササイズ❸：価値のニュートラル化〉

> テーマ①-1：人生は健康でいるのがいい

➡　健康でいれば自分の夢を叶えたり、社会の貢献になる行動を思う存分できます。だから、人生は健康でいるのがいい。
➡　健康で明るい笑顔は、まわりの人も明るい気持ちにさせることができます。だから、人生は健康でいるのがいい。

> テーマ①-2：人生はときどき病気をしたほうがいい

➡　健康だったのが1回の大きな病気で死に至ることがあります。ときどき小さな病気をしたほうが、長い目でみれば健康を管理しやすくなります。だから、人生はときどき病気をしたほうがいい。
➡　病気の大変さを体験することで、日常への感謝、他人を思いやる気持ちを持つことができるようになります。だから、人生はとき

どき病気をしたほうがいい。

テーマ②-1：子どもは金銭の苦労をしたほうがいい

➡ 　経済的に計画的な人生を送れるように、小さいうちからお金の大切さを身を持って知ることが大切です。だから、子どもは金銭の苦労をしたほうがいい。

テーマ②-2：子どもは金銭の苦労をしないほうがいい

➡ 　金銭の制限なしに「やりたいことをやる」発想を持つことで、生まれ持った才能を伸ばすことができます。だから、子どもは金銭の苦労をしないほうがいい。

テーマ③-1：自由のためには会社から独立したほうがいい

➡ 　独立すれば、会社の規則や指示による意に沿わない仕事から解放されて自由になれます。だから、自由のためには会社から独立したほうがいい。

テーマ③-2：自由のためには会社から独立しないほうがいい

➡ 　会社から離れると、24時間、収入を自分で手に入れる活動に追われることになります。会社に勤めていると、就業時間が終われば収入の心配なしに自由でいられます。だから、自由のためには会社から独立しないほうがいい。

第6章　プレゼンのエクササイズ（例題と回答例）

テーマ④-1：大学は卒業したほうがいい

➡ 「大学を卒業した」は、社会信用の一部を成していますから、社会生活を送るうえで役に立ちます。だから、大学は卒業したほうがいい。

テーマ④-2：大学は卒業しなくてもいい

➡ 大学を卒業しても、授業で習ったことがそのまま実社会で通用するわけではありません。若い才能が伸びる時期に社会に出て経験を積むほうが、そのあとの人生のためになります。だから、大学は卒業しなくてもいい。

テーマ⑤-1：技術士は権威を示すほうがいい

➡ 相手は権威のある人に仕事を任せたことで安心していられますから、仕事を円滑に進めることができます。だから、技術士は権威を示すほうがいい。

テーマ⑤-2：技術士は相手を立てるほうがいい

➡ 権威のある技術士が相手を立てることで、相手は自分の価値、承認を強く感じることができ、仕事を円滑に進めることができます。だから、技術士は相手を立てるほうがいい。

テーマ⑥-1：男は家事をするほうがいい

➡ 男も家事をすることで、妻とともに家庭生活を送っていく体験

181

を共有することができます。だから、男は家事をするほうがいい。

テーマ⑤-2：男は家事をしないほうがいい

➡ 男が不慣れな家事をするのは非効率です。男は仕事に専念して、増えた収入でお手伝いさんを依頼するほうが合理的です。だから、男は家事をしないほうがいい。

テーマ⑦-1：持ち物はブランド品がいい

➡ 一流の職人が作り込んだ高い品質のブランド品は、持っている人の印象をよくし、信用を高めることに役立ちます。だから、持ち物はブランド品がいい。

テーマ⑦-2：持ち物はブランド品でなくていい

➡ 相手にとっては、相手の持ち物がブランド品かどうかより、機動力を持って自分のニーズを満たしてくれるかどうかが重要です。だから、持ち物はブランド品でなくていい。

テーマ⑧-1：生活環境は自然が多いほうがいい

➡ 自然が多いほうが、空気や水がきれいで身体に優しい生活ができます。だから、生活環境は自然が多いほうがいい。

テーマ⑧-2：生活環境は自然が少ないほうがいい

➡ 自然が多いと虫の大量発生や野生動物の侵入、冬場の路面凍結などに悩まされます。これ、本当に大変です。だから、生活環境は

第6章　プレゼンのエクササイズ（例題と回答例）

自然が少ないほうがいい。

テーマ⑨-1：食べ物の好き嫌いはないほうがいい

➡ 好き嫌いなくいろいろな食べ物を摂ることができれば、健康に必要な栄養素は自然に得ることができます。だから、食べ物の好き嫌いはないほうがいい。

テーマ⑨-2：食べ物の好き嫌いはあってもかまわない

➡ 嫌いであれば、他の食べ物から必要な栄養素を摂取すればいいのです。食事は幸せなもの。嫌なものを無理して食べて食事を苦痛にしないことが大切です。だから、食べ物の好き嫌いはあってもかまわない。

テーマ⑩-1：ボールペンは消せないほうがいい

➡ ボールペンは消せないという社会の共通認識があるから、署名が証拠として認められています。もし、署名が消せるようになると証拠としての用途が失われてしまいます。だから、ボールペンは消せないほうがいい。

テーマ⑩-2：ボールペンは消せるほうがいい

➡ 鉛筆は書いたり消したりして考えをまとめ上げることができます。ボールペンも消せるようになれば、記録するという機能のほかに、考えをまとめるという機能が加わります。だから、ボールペンは消せるほうがいい。

テーマ⑪-1：夢は宣言するほうがいい

➡ 夢を宣言することで、「宣言の約束を守るために頑張らなければ」という、いい意味でのプレッシャーが働き、夢を叶える可能性が高まります。だから、夢は宣言するほうがいい。

テーマ⑪-2：夢は宣言しないほうがいい

➡ 多くの人に意見を表明すること自体、大きな努力を必要とします。そのため、夢を宣言することが「達成感」を与えてしまい、夢が達成できなくなる人が出てきます。だから、夢は宣言しないほうがいい。

何でもない出来事に興味を持ってもらうエクササイズ

　興味を持つことなく、何気なく過ごしている毎日にもたくさんの出来事が起こっています。すべてをプレゼンの題材にできると、プレゼンの範囲が格段に広がります。
　例えば、「朝食」に興味を持ってもらう伝え方を考えてみましょう。朝食を「自分ごと」に感じるよう臨場感を持って伝えるのがポイントです。

〈エクササイズ❸：奇跡の朝食〉
　いつもの朝食を語って、その素晴らしさに感動してもらってください。

【回答例】

- 朝ごはんにパンとベーコンエッグとコーヒーを摂る。外食すると600円くらいですよね。
- 毎食600円なら1か月で1万8千円。ちょっと高いなと思う人？ いや、安いんじゃないかと思う人？
- では、もし、朝食の材料を育てるところから自分で用意することになったらどうでしょう？
- まず、小麦を育てるのに土地を耕して、種をまいて、雑草を取って、肥料をまいて。
- 耕したことありますか？　すぐに手は腫れるし、一生懸命耕したと思ってもほんの1mくらいしか進まないんですよ。
- 自分で育てるところからなんて極端な、と思うかもしれませんが、昔はみな、そうだったのです。

- 鶏と豚を育てるのも大変。でも、卵だけなら、鶏のエサやりと卵を拾うだけだからまだいい。
- 豚はお肉にしなけりゃならない。想像できます？　自分で屠殺です。
- コーヒーも実ができるまで育てて、収穫して焙煎して、ようやくコーヒー豆になります。これを粉にしてドリップして最後にコーヒーになるんです。
- さて、毎朝、皆さんの目の前にある朝食、600円で食べられるのが普通だと思う人？
- いや、もしかして奇跡だと思う人？

　朝の目覚め、駅までの移動中、バス、電車の中、駅から会社までを語って、その素晴らしさに感動してもらう練習をしましょう。

　このほか、身のまわりのことで話題にできることはたくさんあります。食事、睡眠、入浴、健康、医療、テレビ、家事全般、通勤など、生活のあらゆることを話題にすることができます。さあ、エクササイズしてみましょう。

第6章　プレゼンのエクササイズ（例題と回答例）

❹ 「それ聞きたい！」──Yesを積み重ねるエクササイズ

　面識がない人に、いきなり「結婚を前提にデートしてください！」と言ったとしたら？　誰もYesと言ってくれないし、それどころか、近づくのを警戒されてしまいます。そこで、絶対にYesになる質問を積み重ねて提案の合意をとる受け答えが大切なのです。では、例題で考えてみましょう！

　まず、相手が「聞く」という受け身の事例です。受け身で済む提案は受け入れられやすいのです。

〈エクササイズ❹：お父さんにパエリアの作り方を教える〉

　男性も料理ができるようになったほうがいい。だからパエリアの作り方を教えてあげる。でも、それだけではお父さんが「聞きたい！」とはなりません。「それ、聞きたい！」になるよう、100％Yesになる質問を重ねましょう！

【回答例】

- 家庭の味ってこれだよな、とか、子どもの頃を思い出す味がある人？
- お母さんの味って多いと思いますが、もし、子どもがお母さんの味だけではなくて、お父さんの味を知っていたとしたら？
  私の子どもはお父さんの味を知っています。それっていいなと思う人？
- でも、なかなかお父さんの味を知る人って聞かないですよね。

187

男性にとっては料理ってけっこう敷居が高い。でも、だからいいんです。難しいから価値が？ そう、高くなるんです。

● もしですよ。まわりの人が難しいと感じるのだけど、実際は簡単にできる料理があるとしたら？ それってお得だと思いませんか？

● 何の料理か知りたい人？

● パエリアです。パエリアはサフランを使ったりで、けっこう難しい印象があります。でも、じつは簡単にできます。なぜなら3つだけ要点がわかればいいからです。3つの要点、知りたい方？

● それでは説明しますね。

　眼鏡の拭き方、パソコンのキーボードの打ち方、水筒の洗い方など、関心を呼びそうにない表題を「それ聞きたい！」に変える練習をしましょう。

「行動を起こす」――自分ごとで伝えるエクササイズ

　深刻な情報なのに「また今度でいいかな」と無関心になってしまう情報を、「すぐ行動しなきゃ」と感じる伝え方をしてみましょう。

　ポイントは、個人の身につまされる言葉で、自分ごとに感じるように伝えることです。「そんな楽しいことなら絶対に体験したい！」、「そんなつらいことは絶対に避けたい！」と感じる場合に行動が起きやすくなります。頑張って練習しましょう。

　行動を起こす提案は、相手が受け身で済む提案より難易度が上がります。

〈エクササイズ❺：眼科医院へ行かないとヤバイ！〉

　まだ目に異常が発生してない人に、予防のために病院に行く行動を起こさせてください。

　自分にも起こるかもしれない、起こったら大変だ！　絶対避けたい！と感じることがポイントです。

　下記の「元になる情報」を伝わるように表現してみましょう。「すぐに眼科に予約をいれなきゃ！」という行動が起きれば合格です。

【元になる情報】

> 　人は脳で「見えているもの」を補正しています。例えば、視野のうち「盲点」といって、視神経がないために見えない箇所があるのですが、脳が画像を作って見えているように補正されています。そのため、視神経が死んで目が見えなくなる緑内障も、脳が見えてい

るように補正しているので、手遅れになるまで気づきにくいのです。
50歳を過ぎたら眼科へ行くべきです。

※この情報をそのまま伝えると、眼科医院に行こうという人はほとんど出ません。

【回答例】

- この中で、視力が多少悪い人も含めて、普通に見えているよ、という人？
- もし、この中に、じつは見えていない人がいるって言われたらどう思います？
- 自分は実際見えているから問題ない。過去の私はそう考えていました。
- 私の場合は乱視で眼科に行ったとき、先生から「目の様子が少し変ですね」と言われて検査を受けたんです。
- そうしたら、視神経が10％程度死んでいました。その場で緑内障であること、視力はあと10年もたないかもしれないと言われました。
- いきなりの告知です。皆さんならどう思います？
  突然、「見えるのはあと10年」って告知をされたら？
- ショックですよね。私もそうでした。でも、現実なら仕方がない。でも、考えてみれば、じつはかなりラッキーだったんです。なぜなら、緑内障は治すことはできませんが、進行を遅らせることはできます。
- 一方、アンラッキーな人もいます。先生が言うには、中高年で目が見えにくい、と検査に来られる方は、脳が補正しきれないくらい症状が進んでしまっている場合が多いのだそうです。
- だから、自覚症状が出て検査に来られたときは手の打ちようが

第6章　プレゼンのエクササイズ（例題と回答例）

ない。視神経は一度死んでしまうと元に戻らない。もう見える
ようにはならないのです。

● この中で目が見えにくい自覚症状がある人います？ では、自覚
症状がない人？

● もしかしたら、私がそうだったように、自覚症状がない人の中
にも、知らないうちに視神経が死んでいっている人がいるかも
しれません。

● 実際に症状があるかどうかは検査をしてみないとわかりませ
ん。検査をしてみると何も異常はないかもしれない。その検査
は念のため、保険のようなものです。無駄になるかもしれませ
ん。でも、一度の検査で将来の視力がわかるとしたら、それは
意味がない保険だと思いますか？ それとも意味がある保険だと
思いますか？

● では、今週中に眼科の検査の予約をとる人？

　歯科医院に行く、定期健康診断を受ける、自転車のオーバーホール
をする、資格を取得するなど、つい先延ばししてしまう行動を「今す
ぐ行動しないと！」に変える練習をしてみましょう。

191

対価を伴う提案のエクササイズ

　私たちの日常は、多くが金銭を介した物々（情報）交換で成り立っています。金銭による価値の評価は比較が容易で、交換で得られる価値が支払う価値以上だと理解されなければ交換は成立しません（交換により双方とも支払う価値以上の価値を得ることもよく起こります）。プレゼンの中でも対価を伴う提案は最も難易度が高くなります。

〈エクササイズ❻：お菓子とコーヒーのセットを買ってもらいたい〉
　資格研修の教室の後ろでお菓子とコーヒーのセットを500円で売っています。美味しくて気持ちもリフレッシュできる「お菓子とコーヒーのセット」を買っていただきたい。でも、「美味しいですから、よろしければ休憩時間に買ってください」では、あまり買ってもらえません。「それ、欲しい！」になる質問を考えましょう！

【回答例】

- 皆さん熱心に聞いていますね。ちょっと疲れた人？ まだまだ元気な人？
- まだ続きがありますが、残りもしっかり学びたいと思う人？
- 学ぶためには脳が元気なことが重要ですね。脳を元気な状態に維持したい人？
- では、脳を元気な状態に維持する方法を知りたい人？
- 脳の活動は何を使っているかというと、ブドウ糖です。脳が元気な状態でいるためには十分なブドウ糖が重要なんです。

第6章　プレゼンのエクササイズ（例題と回答例）

- では、ブドウ糖はどうやったら摂れるでしょうか？　いろいろな方法がありますが、ブドウ糖が摂れても時間がかかるのでは、今の勉強に間に合いませんね。素早くブドウ糖を補給する方法を知りたい人？
- その方法は……チョコレートやお菓子なら短時間でブドウ糖を補給することができます。
- 残りもしっかり学びたいと思う人は、休憩時間にブドウ糖を補給してみてはいかがでしょうか？　後ろにお菓子とコーヒーを500円で用意しています。
- 先着順です。お菓子とコーヒー、要る人？

　ボールペンや本、割引チケットなど少額の身のまわりの物を使って、「それ、いただきます」になる質問を練習しましょう。

《第6章のエッセンス》

日常のエクササイズで鍛える！

日常で鍛えれば本当の実力になる！

　プレゼンの視点、スキルが日常で使われる状態だったら？　もう、プレゼンの成功を心配する必要はありません。

　「ラポールを創り出す」相手を褒める、何でもない出来事に興味を持ってもらう、「それ聞きたい！」「Yes」を積み重ねる、「行動を起こす」自分ごとで伝える、対価を伴う提案。

　これらが「見た、聞いた」瞬間に、「話すべき内容が口をついて出てくる」状態まで練習すれば、プレゼンの成功は「絶対」なのです。

　練習を始めると、あなたを取り巻く日常に変化が起こります。まわりの人達が笑顔になり、あなたを助けてくれるようになります。日常が楽しいからプレゼン力を磨く練習も続けることができます。その変化はすべて「あなたの姿」が映し出されたもの※なのです。

　※話し方で働き方が変わる原理：話し方の教科書　エピローグ

　　話し方が変わるのは、あなたの視点、考え方、行動が変わるから。話し方を通じて身に付けた視点、考え方、行動の変化は、仕事、家庭、人間関係を改善させます。そして、自然に感謝が口をついて出てくる幸せな生活をエンジニアにもたらします。

顕在化している「話し方」の問題

話し方　　話し相手が怒る、自分に対してだけ厳しいなどの問題が生じる話し方

視　点　　考え方　　行動の仕方

水面下で私たちをコントロールしている要因

第 6 章　プレゼンのエクササイズ（例題と回答例）

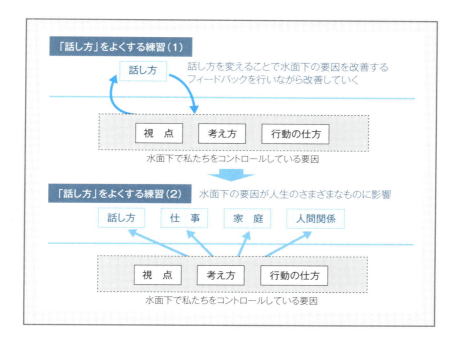

田中　たくさんの練習例がありますね。正直なところ、全部覚えてその場に相応しいものを瞬時に選び出すとなると、私には不可能な感じがします。

先輩　スキルのストックを増やして、その場に相応しいものを選び出す……それでは付け焼刃になって「当たった、外れた」の対応から抜け出せないよ。

田中　理解が必要なんですね。でも、全体をカバーするとなると広く浅くなりますね。

先輩　練習は広く浅くより、たとえ1つでもいいから自分が納得して使いこなせるレベルまで深く練習するほうがいい。あやふやなスキルを多用しても100％の成功はできないよ。

田中　でも、「1つずつを深く」だと、全部習得するのに何十年も

かかりませんか？ あまりにも大変です！

先輩 最初のいくつかはかなり時間がかかる。でも、共通する視点や考え方がわかったあとは驚くほど早く身に付くよ。

田中 うーん、修行ですね。

先輩 ははは、辛いのを我慢する努力は続かないね。でも大丈夫だよ。身に付いたものが増える以上に職場や生活が変化していく感動や楽しさがある。半年後、あっという間の変化に驚くと思うよ。

エピローグ

プレゼン力
×
技術力
＝
最強のエンジニア！

田中さんから山下先輩への質問

《山下先輩の10年前はひどかった？》

田中　山下先輩って、10年くらい前は、理詰めで感情なしの学術的なプレゼンスタイルでしたよね。会場との会話もありませんでした。どういうきっかけでこんなに変わったんですか？

先輩　振り返ってみれば、まず、僕自身がとっつきにくい人物だったな。

田中　ははは、正直なところ、近寄るのが怖かったです。

先輩　理屈のうえでは完璧なプレゼンだった。技術的な内容は好評だった。でも、会場の反応はなくて、一方的に話す自分に自分自身が満足できない割り切れなさがあった。理屈ではよくできているはずなのに、世の中の役に立っている実感のなさを痛いほど感じていた。だから、本物のプレゼンに憧れていたってことかな。

田中　それで勉強を始めたのですか？

先輩　そう。でも、自分で考えたり、本を読んでも、「以前よりまし」にはなるけど、解決はしなかった。自分の価値観で情報に接する限り、自分の価値観の範囲内の情報しか入ってこないんだ。しかし、そういう思いを持っていて情報に敏感になっていたから、教えてもらえる機会に出会えたのだと思う。

《ベストなプレゼン方法は？》

田中　山下先輩から教えていただいた方法がベストということでしょうか？

先輩　プレゼンスタイルはいろいろあって、どれが正解というのは

エピローグ

ない。ポイントは「何のためにプレゼンをするか」を明確に意識することだ。自分が思う目的を実現できるプレゼン方法がベストだよ。

田中　インタラクティブ（相互）な講演はどういう場で効果がありましたか？

先輩　「会場の皆さんの行動を変える」という目的なら広い分野で効果がある。例えば、機械保全の計画法、話し方の伝授、ファイナンシャル・プランニングなどの教育が目的のプレゼン、大学の講義、認可や契約などの交渉合意が目的のプレゼン、少し意外だったのは、学会発表にも効果的だった。

田中　プレゼンの勉強後で、自分自身にとって、良かった点を1つだけ挙げるとしたら？

先輩　講演を会場の皆さんと一緒に楽しめるようになったこと！

《参考になった情報》

田中　プレゼンで話すには、例文のようなものを知っていると便利だと思うのですが、山下先輩に影響を与えたものは？

先輩　ストーリーや感動を創る文章としてなら、O・ヘンリー、アレキサンドル・デュマ、C・ディケンズ、エーリッヒ・ケストナー、リチャード・バック、D・カーネギーなどの影響が大きかった。説得はブライアン・トレーシーだな。

田中　語り口調は？

先輩　立川志の輔さんの落語をひたすら聞いていたよ。

199

《インタラクティブなプレゼンを身に付けるためのポイント》

> 田中　インタラクティブなプレゼンを身に付けるためのポイントを1つ挙げるとしたら？
>
> 先輩　実践できていて、かつ教えることができる人に師事すること。それがいちばん早い！　教育への投資はいいものだ。自分の成長が感じられる日々は楽しいし、そのうえ、着実に成果が返ってくる。そして努力をすること。ただし、独りよがりでは意味がない。正しい努力をすること。

《身に付くのが早くなる練習のポイント》

> 田中　練習で、短時間に身に付ける人と、なかなか身に付かない人の違いは？
>
> 先輩　身に付く人は「次の1行は何か？」を考えてから答えを見ている。身に付かない人は、答えを見てから「ああ、こうなんだ！」と内容を理解する。答えを見て理解する人は、結局、自分で考えていないから身に付かない傾向がはっきり出るよ。
>
> 田中　人前に出るのはプレゼンが上手になってからのほうがいいでしょうか？
>
> 先輩　少し上手になるだけでも、まわりの人に比べればかなり上手だよ。だから、どんどん人前に出て問題ない。プレゼンをするたびに1つか2つ、できることを増やしていけばいい。

エピローグ

《行動のきっかけづくり》

田中　学び始めるきっかけは、具体的にどういったことですか？

先輩　君は僕のところに「教えてください」ってやって来ただろう？行動を起こすこと、すべてはそこから始まる。決断の理由は人それぞれだよ。君は自己流の方法がダメなことを痛いほど感じて僕のところに来た。

田中　そうです。自分で何とかしようとしても、自分が持っている知識や経験からはどうにもならないと痛感したから、誰かに聞くしかないと確信したんですよ。山下先輩は？

先輩　じつは、僕は自分では行動を起こせなかった。子どもとの約束だよ。自分のためだと行動できなくても、大切な誰かのためなら行動できることがある。

　　　「誰か」とは家族だったり、自分と同じエンジニアを助けるためだったりする。これは相手の許可をもらわずに勝手にやっていることだ。感謝や見返りも関係ない。だからこそ、自分次第で決められるのだよ。貢献することも愛することも、自分が勝手にやっている分には100％やろうと思えばできる。

　　　もともと人前に出るのが好きじゃない僕が、積極的に人前に出たり、情報を開示したりしているのはそういう理由だよ。

田中　なるほど。多くの人が評価を気にしたり、「感謝がない！」とかの怒りで自分自身を消耗させてますけど、自分が勝手にやっているのなら、そういうストレスはないですね。自由に生きるって、そういうことかもって感じがします。

あとがき

　本書は、2019年1月19日に発売された『最強のエンジニアになるための話し方の教科書』の続編になります。

　現役エンジニアが「話し方」を教える書籍は意外に前例がなく、本のジャンルは理学書です。書店ではSE（システムエンジニア）読み物や、機械設計の棚に並んでいます。

　前著では会話の基本を扱っています。出会って30秒で仲間のように話せる「ラポール」をベースに、自分を守らない視点といくつかのフレーズを身に付ければ、短い時間で職場や家庭の人間関係が改善し、仕事の進捗が早くなる効果を実感することができます。

　一方、本書『最強のエンジニアになるためのプレゼンの教科書』は、話し方に比べると、ぐっと難易度が高くなっています。多人数と同時に「ラポール」を創り出し、瞬時に全員が興味を感じる話題を提供するなど、いわば「最大公約数」の会話が必要だからです。

　プレゼンの組み立て方は論理的です。でも、プレゼンを論理的に解説すると哲学書のようになって読み通すのは難しいのでは……と考えていたところ、前著の会話の部分（ケーススタディ）が好評だったことから、本書は全面的に田中君と山下先輩の会話形式で進めることにしました。

　前著に引き続き、本書もマネジメント社の安田喜根社長と社員の皆様に多大なお世話になりました。

　また、私自身、25年も鬱々としていたプレゼン後の気持ちが、短期間で「楽しさ」に変わったのは、遠藤貴則氏、小山竜央氏、星渉氏の教育と指導によるものです。

　そして、話し方教室で姿勢と発声を指導していただいている藤枝香織さん、講師として一緒に活動中の田代裕二さん、話し方の生徒の皆さま、

あとがき

中原紀彦、安部智貴、高橋信雄、秋吉裕和、渋谷南、森本聡さん、技術士会修習員会の皆さま、青年技術士交流委員会の皆さま、日本技術士会金属部会のYES-Metalsの皆さま、VOS（メアリー・バフェット オンライン スクール）のChloe Liying Linさんをはじめとする皆さま、現職の原子力安全推進協会の皆さまに心から感謝致します。

　最後に、いつも私の人生を支えてくれる家族、妻祐子、由衣、由貴、翔正に心から感謝します！

　本書をお読みになり、LINEやメールでご意見・ご感想をいただければ、大変ありがたく存じます。下記のQRコードから私に直接LINEできます。特に「役に立たなかった」「期待はずれだった」などのご意見は大歓迎です。ご遠慮なくお寄せください。

Line @engineertext
http://nav.cx/4LZlId8

《著者紹介》

亀山 雅司（かめやま・まさし）

1965 年、兵庫県姫路市生まれ。5 歳からエンジニア一筋。1990 年、大阪大学大学院工学研究科溶接工学専攻修士課程修了。関西電力㈱勤務後、大阪大学大学院招へい准教授を経て、現在、原子力安全推進協会に勤務。原子力発電設備の設計、許認可実務に関わる。

工学博士、技術士（原子力・放射線）取得後に過労に陥り、35 年間取り組んだ「ディベート」による論破を目的とする「技術の説明」の限界に直面する。その後、技術の「新しい伝え方」を探求し、2016 年に「ラポール」を用いた解決を目的とする説明法の理論と実践法を完成。エンジニアの話し方、プレゼンのトレーニングを通じて、エンジニアが技術力を発揮し、幸せに活躍する社会の実現に邁進している。

著作に『最強のエンジニアになるための話し方の教科書』（小社刊）などがある。

《連絡先》

ブログ：最強のエンジニアになるための話し方の教科書のブログ
　　　　https://ameblo.jp/engineer-talk/
ホームページ：**http://engineertext.com/**
メール：**contact@engineertext.com**

最強のエンジニアになるためのプレゼンの教科書

2019 年 12 月 1 日　初版　第 1 刷　発行

著　者　　亀山 雅司
発行者　　安田 喜根
発行所　　株式会社 マネジメント社
　　　　　東京都千代田区神田小川町 2 - 3 - 13
　　　　　M&C ビル 3 F（〒 101 - 0052）
　　　　　TEL 03 - 5280 - 2530（代表）　FAX 03 - 5280 - 2533
　　　　　http://www.mgt-pb.co.jp
　　　　　印刷　中央精版印刷 株式会社

©Masashi KAMEYAMA　2019, Printed in Japan
ISBN978-4-8378-0493-2 C0030
定価はカバーに表示してあります。
落丁本・乱丁本の場合はお取り替えいたします。